_____ 드림

디지털 노마드를 위한

구글
애드워즈
마케팅

디지털 노마드를 위한

구글
애드워즈
마케팅

초판 1쇄 인쇄 2018년 6월 14일
초판 1쇄 발행 2018년 6월 21일

지은이 박영훈·이동수

발행인 장상진
발행처 (주)경향비피
등록번호 제 2012-000228호
등록일자 2012년 7월 2일

주소 서울시 영등포구 양평동 2가 37-1번지 동아프라임밸리 507-508호
전화 1644-5613 | **팩스** 02) 304-5613

ⓒ 박영훈·이동수

ISBN 978-89-6952-252-8 03320

디지털 노마드를 위한

구글
애드워즈
마케팅

박영훈·이동수 지음

경향BP

나는 디지털 노마드로 산다

　나는 요즘 구글 애드워즈, 페이스북 등 다양한 디지털 도구를 활용하여 꾸준한 성과를 내고, 사람들에게 디지털 노마드로 사는 데 필요한 기술과 그동안 쌓은 인사이트를 공유하는 전문가로 활동하면서 부자의 마인드를 배우고 있다. 그러나 불과 1년 전만 해도 여느 20대 중반 청년처럼 자기소개서를 작성하면서 취업 성공만을 바라보고 있었다.

　디지털 노마드의 삶과 디지털 도구를 모르던 시절에 나는 내 자신을 지극히 평범한 사람이라고 생각했다. 부유한 집안은 아니었지만 큰 어려움 없는 가정에서 어른들이 말하는 안정된 직장을 추구하며 물 흐르듯이 평범한 삶을 살아왔다. 서울 소재 4년제 대학을 졸업하고, ROTC 장교로 군을 전역한 뒤 남들이 가는 길을 따라 걷는 사람이었다.

　예전의 나는 대학을 졸업하고 직장을 구하면 인생길이 순탄하게 펼쳐질 것이라는 어른들의 말을 철석같이 믿었고, 모두가 가는 길이기에 그 길이 맞을 것이라고 생각하며 스스로 잘하고 있다고 합리화했다. 이런 나의 틀에서 벗어나게 된 계기가 있었는데, 바로 기업 채용 관문 중 하나인 자기소개서를 쓸 때였다. 지원자의 특기를 적는 항목에서 의문을 갖게 되었다. 취미는 내가 평소에 하는 활동을 적으면 되지만, 특기는 남들보다 특출하게 잘하는 것을 써야 하는데 떠오르지 않았다. 예를 들면 축구는 그냥 평범하게 하고, 영어도 평범한 수준인데 기업에서는 왜 이런 걸 물어보는 걸까, 그리고 내게 남들이 가지지 않은 능력이 있을까? 이런 의문이 들었다.

그때부터 내가 잘하는 게 무엇인지 알고 싶어서 자기계발서도 읽어보고, 부모님과 친한 친구들에게 조언을 구해보았지만 답을 얻지 못했다. 결국 이것은 남들이 해결해줄 수 없는 과제라는 것을 느꼈다. 삶의 방향성에 대한 고민을 하던 그 무렵에 우연히 네이버 카페 '디지털노마드'를 접하게 되었고, 그곳에서 이론이 아닌 실제 마케팅과 실전 경영, 그리고 구글 애드워즈 등 다양한 디지털 도구를 배웠다.

우리들이 일상 속에서 친구들과 사진, 영상을 공유하는 페이스북을 다른 관점에서 보는 사람들을 보면서 충격을 받았다. 그들은 그곳에서 현금이 흐르는 파이프라인을 구축하여 삶의 주인으로 살아가고 있었다. 학벌이나 스펙 등 사회에서 정해준 기준으로 자신을 맞추려고 했던 나에게는 신선한 충격이었다. 살아온 인생이 길지는 않지만 지금껏 내가 주도적으로 선택하는 삶을 살아본 적이 있었나? 난 한 번도 그런 적이 없었다.

이후 취업 활동을 중단하고 디지털 노마드로 살기로 했다. 요즘 나는 마음이 맞는 동료와 함께한다는 행복감과, 도전하며 내 자신이 성장하고 있다는 사실을 느끼며 20대를 살아가고 있다.

여러분은 자신이 정말로 하고 싶은 일, 그리고 원하는 삶이 무엇인지 알고 있는가? 모른다면 본인의 숨겨진 마음을 A4용지에 적어보라. 그리고 어떤 요소가 여러분이 선택하는 데 걸림돌이 되는지 확인해보라. 그리고 그동안 어떤 삶을 살아온 사람인지 정리해보는 시간을 가져보라.

여러분은 특별한 존재이므로 과거의 나처럼 스스로를 과소평가하지 않았으면 한다. 사회라는 기계의 톱니바퀴처럼 타인의 삶에 자신을 끼워 맞추기보다는 삶의 주체가 되어 사회라는 기계를 이용하기 바란다.

구글 애드워즈는 광고주로서의 '나'와 구글 검색창, 구글과 파트너 제휴를 맺은 언론사 등에서 본인이 원하는 정보를 탐색하는 유저를 이어주는 역할을 한다. 광고주 또는 마케터로 활동하면서 나의 상품과 서비스를 판매하거나, 보유한 플랫폼을 브랜딩하거나, 제휴 사이트에 등록된 머천트를 온라인으로 유저들에게 홍보하려면 반드시 다루어야 할 디지털 도구이다.

구글 애드워즈를 다루기에 앞서 유저가 되어서 어떤 과정을 거쳐 내 상품, 서비스를 구매하였는지 생각해 본다면 애드워즈뿐만 아니라 네이버, 페이스북 광고 등 다른 디지털 도구를 쉽게 이해할 수 있을 것이다.

이 책에서 다루는 내용을 그대로 따라 하기보다는 구글 애드워즈라는 디지털 도구를 바라보는 관점을 벤치마킹하여 자기만의 기준과 시야를 가지고 잘 활용하길 바란다.

이동수(머스크)

차례

PART5
구글 애드워즈 광고 운영 노하우

PART6
구글 애드워즈 광고 만들기 A to Z

PART 1

디지털 마케팅에 대한 이해

반드시 알아야 할
디지털 마케팅 용어

영어를 공부하더라도 단어를 모르면 대화하기 어렵다. 이 때문에 최소한의 소통을 위해서는 중학생 정도의 단어는 알고 있어야 한다. 디지털 마케팅에서도 기본적인 용어는 필수다. 앞으로 디지털 마케팅을 공부하면서 용어를 알고 있으면 훨씬 이해하기 쉬우므로 아래 용어들과 친숙해지도록 하자.

1. 랜딩 페이지(Landing Page)

검색 광고의 텍스트나 배너 광고, 페이스북 광고, 구글 애드워즈 등의 광고를 클릭했을 때 연결되는 페이지를 말한다. 랜딩 페이지는 주로 광고주의 홈페이지나 이벤트 페이지로 연결되는 경우가 대부분이다.

2. 노출(Impression)

광고 노출 횟수를 말한다. 웹 사이트가 열려서 배너 광고가 한 번 노출될 때 한 번 카운팅된다. 특히 웹 페이지의 한 지면에는 디자인에 따라 여러 개의 광고가 들어갈 수 있기 때문에, 단위 시간당 웹 페이지보다는 광고 뷰로 더 많이 표기된다.

3. 체류 시간(DT=Duration Time)

방문자가 특정 사이트에 접속해서 머물다가 떠날 때까지의 시간을 말한다. PV(Page View)와 함께 고객 충성도를 가늠하는 중요한 지표이다.

4. PV(Page View)

인터넷 이용자가 특정 홈페이지에 방문하여 둘러본 페이지수를 말한다. 홈페이지의 방문자수가 한 명이라도 항목별로 여러 페이지를 확인할 수 있기 때문에, 수치는 방문자수와 같지만 보통은 그보다 높게 나타난다.

5. 도달률(Reach)

SNS 광고든, 배너 광고든 특정 메시지가 존재할 때 최소한 한 번 또는 그 이상 노출된 이용자수나 퍼센티지를 말한다. 그런데 도달률은 의도한 메시지가 대상에 여러 번 노출되더라도 한 번으로 계산한다는 점이 중요하다. 예를 들어 A라는 사람이 B라는 사이트에 걸린 C라는 광고를 10시간 동안 5번 보았다고 해도 도달은 1번으로 계산된다.

6. 전환률(Conversion Rate)

광고 등을 통해서 사이트를 방문한 사람이 제품 구매, 장바구니 담기, 회원 가입, 뉴스레터 신청 등 광고주가 의도한 행위를 하는 것을 뜻한다. 광고의 성과를 파악하는 지표 중 하나라고 할 수 있으며, 쇼핑몰과 같은 전자 상거래 업종은 주로 '결제'를 전환으로 잡는다. 제휴 마케팅에서 전환률은 2가지 뜻이 있는데, 첫째는 랜딩 페이지를 통해 'DB 접수'가 일어나는 경우이고, 둘째는 '유효 접수'가 될 때이다. 전환률을 계산하는 방법은 보통 '전환수/유입수×100'을 하면 된다.

7. 이탈률(Bounce Rate)

소비자가 특정 홈페이지를 방문하고 다른 페이지로의 유입 없이 한 페이지만 보고 나가는 경우를 반송수라고 한다. 이때 '방문수 대비 반송수의 비율'을 '이탈률'이라고 한다. 이탈률은 '반송수/방문수×100'으로 계산할 수 있다.

8. CPC(Cost Per Click)

인터넷 검색 사이트에 특정 키워드를 검색한 사람들을 대상으로 광고주의 사이트가 노출되도록 하는 키워드 광고이다. 네이버 키워드 광고를 생각하면 이해가 빠를 것이다. 네이버에서 검색을 하면 파워 링크 형태로 키워드 광고가 노출되는데 그것을 클릭하면 클릭당 광고 비용이 빠져나간다. 제휴 마케팅에서는 마케터를 이용해 클릭당 수익을 얻는 구조가 된다. 반면에 광고주는 클릭당 광고 비용이 지출된다.

9. CPA(Cost Per Action)

소비자가 온라인상에 노출된 광고를 클릭해서 랜딩 페이지에 진입한 다음, 광고주가 원하는 특정 행동을 취할 때 과금이 되는 방식이다. 주로 구매를 기준으로 삼지만, 제휴 마케팅에서는 회원 가입이나 무료 상담 신청 등을 기준으로 삼기도 한다.

10. CPM(Cost Per Mile)

광고비 책정 방법 중 하나이다. 광고가 1,000번 노출됐을 때의 금액을 뜻하며, 매체의 유명도와 매체 내 카테고리의 유입 정도에 따라 CPM 가격이 천차만별로 형성되어 있다.

11. CPI(Cost Per Install)

광고의 노출량과 상관없이 애플리케이션 설치 건당 과금되는 방식이다. 주로 모바일 게임과 관련된 광고에 많이 적용되며 유사한 방식의 CPE는 앱이 설치되고 한 번 실행되면 과금이 된다.

12. CPV(Cost Per View)

광고 시청당 비용을 뜻한다. 주로 유튜브나 네이버의 TV캐스트와 같은 동영상 서비스 플랫폼에 주로 사용된다. 동영상 광고가 노출되면 무조건 과금되는 방식이 아니라 15초나 30초 등 일정 시간 이상 광고를 시청해야 과금되며 광고 영상을 클릭하면 지정된 랜딩 페이지로 이동한다.

13. CTA(Call To Action)

소비자의 반응을 유도하는 행위 또는 요소를 뜻한다. 예를 들어 페이스북의 좋아요 버튼이나 온라인 쇼핑몰의 구매하기 버튼 등이 모두 CTA를 위한 방법이다.

14. CTR(Click Through Rate)

클릭률이라고 하며, '광고의 노출 횟수 대비 클릭이 일어난 횟수'를 나타내는 말이다. 쉽게 말해서 광고를 본 사람 중 몇 명이나 해당 광고를 클릭했는가를 비율로 나타낸 것이다. '클릭수/노출수×100'으로 계산할 수 있다.

15. 배너 광고(Banner Advertising)

홈페이지 내에 띠 형태의 이미지를 만들어 노출하는 광고 형태를 말한다. 현수막과 비슷한 모양을 하고 있어서 배너(Banner)광고라고 부른다. 대표적인 DA(Display Advertising) 형태이며 일반적으로 불특정 다수를 대상으로 노출하지만 GDN(Google Display Network)과 같은 네트워크 광고의 경우 타킷팅 광고도 가능하다.

16. 롤링 배너 광고(Rolling Banner Advertising)

배너 광고의 한 형태로 하나의 배너에 한 광고주의 광고만 걸리는 것이 아니라 2개 이상의 광고가 번갈아 가며 보이는 광고 형태를 말한다. 일정 시간이 지나면 배너의 광고가 바뀌거나 새로 고침 같은 페이지에 리셋이 적용될 때 광고가 바뀌는 형식 등이 있다.

17. 리치 미디어 광고(Rich Media Advertising)

인터넷 또는 모바일 배너 광고에 새로운 기술을 적용해 더욱 풍부한 효과를 주는 형식의 광고를 말한다. 광고 위에 마우스를 올려놓거나 클릭을 하면 광고 이미지가 변하거나 동영상이 재생되는 등 이용자와 실시간 상호작용할 수 있어, 기존 광고에 비해 상대적으로 거부감이 낮고 주목도와 클릭률은 높은 편이다.

18. 타깃팅 광고(Targeting Advertising)

일반적인 배너 광고들이 불특정 다수를 대상으로 노출되는 것과 다르게 특정 지역, 성별, 연령, 관심사 등 광고주가 원하는 특정 계층만을 상대로 노출하여 효율을 높이는 광고를 뜻한다. 타깃 설정을 위한 정보가 필요하기 때문에 기본적으로 로그인 기반의 매체에서 실행할 수 있다.

19. 리타깃팅 광고(Retargeting Advertising)

광고주의 웹 사이트에 방문한 적이 있거나 웹 사이트 내의 특정 페이지를 열람한 경험이 있는 소비자에게 광고를 보여주는 방법이다. 예를 들어 소비자가 어느 코스메틱 기업 홈페이지를 방문했다가 다른 웹페이지로 옮겨가면 화장품과 관련된 광고가 나오는 식이다. 쿠키 기반으로 실행되는 광고이기 때문에 쿠키가 지워질 경우 광고가 노출되지 않는 단점이 있다.

20. 연관 검색어

포털 사이트인 네이버에서 특정 키워드를 입력하면 해당 키워드와 관련성이 높아 함께 보이는 키워드를 뜻한다. 예를 들어 네이버에 '게임'이란 키워드를 검색하면 검색창 하단에 파란 글씨로 '노마드', '디지털 노마드 스쿨' 등 관련 단어가 파란색으로 노출된다. 사용자의 검색 패턴에 의해 생성되는 키워드여서 고의적으로 연관 검색어를 노출시킬 수 있으며 바이럴 마케팅에 활용되기도 한다.

21. 시즈널 키워드(Seasonal Keyword)

여름이나 겨울 등의 계절이나 설, 추석과 같은 명절처럼 특정 시기에 따라 조회수와 광고 효과가 급상승하는 키워드를 말한다. 시기에 맞춘 시즈널 키워드를 활용하여 콘텐츠 제작이나 마케팅 진행 시 높은 효율을 얻을 수 있다.

22. 로그 분석(Log Analysis)

웹 사이트에 접속한 사용자의 방문수나 접속 경로, 페이지 뷰, 체류 시간 등 다양한 정보를 추출하고 분석하는 서비스를 말한다. 대표적인 서비스로는 '구글 애널리틱스(GA)'와 네이버 애널리틱스 등이 있다.

23. 어뷰징(Abusing)

원래는 오용, 남용, 폐해 등의 뜻이 있다. 인터넷 포털 사이트에서 의도적으로 검색을 통한 클릭수를 늘리기 위해 조작하는 행위를 하거나, 제휴 마케팅에서 허위 접수나 다운로드를 유도하거나 지인을 통한 방법으로 부당 이익을 취하는 경우도 이에 해당한다.

24. 네이티브 광고(Native Advertising)

온라인에서 뉴스 기사들과 함께 뜨면서 마치 기사처럼 보이도록 디자인한 광고를 말한다. 일반 뉴스 기사 콘텐츠와 유사한 형태로 노출되기 때문에 광고에 대한 저항감을 낮출 수 있다. 최근에는 SNS에서도 많이 활용되고 있다.

25. DA(Display Advertising)

이미지, 플래시, 동영상 등 다양한 콘텐츠 형태의 온라인 광고 방식이다. 구글 애드워즈도 이 형태로 많이 진행하는 편이다.

26. 검색 광고(Search Advertising)

네이버나 구글 애드워즈 등의 검색 엔진으로 특정 키워드 검색 시 노출되는 광고를 말한다. 한 키워드에 여러 광고주가 광고 요청을 한 경우 경쟁 입찰을 통해 노출 순위가 정해지기 때문에 검색수가 높은 키워드는 광고 비용이 크게 상승하기도 한다. 그러나 검색 광고는 SNS 광고에 비해서 구매 고객이 많이 포진하고 있어서 꾸준한 인기를 얻고 있다.

27. UV(Unique Visitor)

인터넷 이용자가 특정 홈페이지에 방문한 수를 나타내며 중복 방문을 제외한 수치이다. 예를 들어 하루를 기준으로 할 때, A라는 특정인이 '디지털 노마드 스쿨'이라는 홈페이지에 오전 9시, 오후 1시, 저녁 11시 총 3번 접속했다고 해도 카운트는 1로 나타난다.

28. SEO(Search Engine Optimization)

검색 엔진 최적화를 나타내는 말이다. 검색 엔진에서 검색 시 홈페이지나 블로그 등이 검색 상위에 노출될 수 있도록 관리하는 것을 말한다. 검색 엔진 최적화만 잘해도 홍보 효과를 톡톡히 볼 수 있다.

29. SMO(Social Media Optimization)

소셜 미디어 최적화를 나타내는 말이다. 이것도 검색 엔진 마케팅의 일종이라고 할 수 있다. 소셜 미디어나 온라인 커뮤니티 등에 운영 중인 소셜 미디어 채널을 널리 알리기 위한 것으로 콘텐츠 공유 버튼이나 RSS 피드를 추가하는 것도 SMO 방법에 해당한다.

30. DAU(Daily Active Users)

하루 동안 해당 서비스를 이용한 순수 이용자수를 뜻한다. 원래는 게임 업계에서 론칭한 서비스를 얼마나 많은 사람이 실제로 이용하는지를 확인하기 위한 지표로 사용했다. 지금은 소셜 미디어 채널의 실제 이용자수를 나타내는 지표로 많이 쓴다.

31. RTB(Real Time Bidding)

실시간 광고 입찰 시스템이다. 온라인 광고 게재 시 가장 높은 가격을 제시한 광고주가 원하는 매체에 광고를 걸 수 있다. 현재 국내 모바일 시장에서 RTB에 대한 관심이 높아지는 추세이다. 페이스북 광고는 RTB 시스템으로 구성되어 있으며, 네이버 검색 광고 또한 RTB이다.

32. 네트워크 광고(Network Advertising)

네이버나 구글 애드워즈 등 특정 매체와 계약을 맺고 광고를 집행하는 것이 아닌 여러 신문사 사이트나 각종 커뮤니티 사이트의 배너에 동일한 광고를 집행하는 것을 말한다. 주요 포털 매체보다 상대적으로 저렴한 비용으로 여러 매체에 광고를 집행할 수 있으며 타깃팅이나 리타깃팅 등 특정 관심사를 가진 소비자들을 대상으로 광고할 수 있다. 대표적인 네트워크 광고로 구글 GDN이 있다.

33. ZMOT(Zero Moment of Truth)

무언가를 실제로 구입하기까지 온라인 평가, 소비자 후기, 비교 사이트, 회사 공식 사이트 등을 무의식 중에 체크하는 과정을 거치는 행위를 말한다. 소비자가 구매에 이르기까지의 구매 결정 과정을 설명한 이론으로, 구글에서 내놓았다. 인터넷과 더불어 모바일이 발달되면서 소비자의 행동까지 변화하였다는 것을 강조한 것이다. ZMOT 설명에 앞서 MOT(Moment Of Truth)를 알아야 하는데, 이 말의 뜻은 '진실의 순간'이다. 마케팅 관점에서는 '결정적 순간'이라고 할 수 있으며 자신들의 제품과 고객이 딱 만나는 순간을 말한다.

34. 프로그래매틱 광고(Programmatic advertising)

프로그램이 이용자가 필요로 할 것 같은 광고를 띄워주는 기법이다. 보통 쇼핑몰이나 뉴스 사이트에 접속을 하면 방문 기록이 남는데 인터넷 브라우저에서 정보를 수집하는 프로그램이 자동으로 우리가 어떤 것을 검색했는지, 어떤 웹에 접속했는지 등을 분석해서 사용자가 필요로 할 것 같은 광고를 띄워주는 것을 말한다.

35. 애드테크(ADTech)

광고라는 뜻의 애드(AD)와 기술(Technology)의 합성어이다. 디지털, 모바일, 빅데이터 등 IT 기술을 적용한 광고 기법을 의미한다. 빅데이터를 활용해 컴퓨터가 광고주, 광고 매체, 광고 대상을 연결하고 알맞은 시기, 정확한 소비자에게 해당 메시지를 전달한다.

36. 마테크(Martech)

마케팅(Marketing)과 테크놀로지(Technology)의 합성어이다. '기술적인 마케팅'을 가능하게 하는 응용 프로그램 및 플랫폼, 또는 이러한 툴을 활용한 방법을 의미하기도 한다.

37. 그로스 해킹(growth hacking)

고객의 취향을 파악하고, 더 효과적으로 고객에게 접근해 저비용으로 최고의 광고 효용을 추구하는 마케팅 기법이다. 미국의 유명 마케터인 '션앨리스'가 최초로 제안한 개념으로 '창의성, 분석적 사고 및 소셜 매트릭스를 사용하는 기술로 스타트업에 의해 개발된 마케팅 기술'로 떠오르고 있다.

한 가지 사례로 '드롭박스(Drobox)'는 신규 사용자가 서비스를 알게 되는 경로가 대부분 '친구'라는 점에 착안하여 친구 추천으로 드롭박스를 사용하면 두 사람 모두에게 500Mb씩 무료 공간을 제공하는 추천 프로그램으로 회원 가입률을 60% 증가시켰다.

알고 가자,
최신 디지털 마케팅 트렌드

마이크로 모멘츠 마스터
(Master Micro - Moments)

스마트폰의 대중화로 생긴 용어이다. 주택 매매와 같이 장기적인 목표나 집 주변 마트에서 생필품을 소소하게 구매하는 소비 행위, 그리고 스마트폰으로 요리 레시피를 찾아보는 간단한 생활 팁까지, 수많은 마이크로 모멘츠들이 스마트폰을 통해서 하게끔 되어 있다. 이는 이전에 설명한 ZMOT 개념을 익히면 쉽게 이해될 것이다.

구글에서는 소비자들이 스마트폰을 통해 언제, 어디서나 수시로 제품에 대해서 찾아보기 때문에, 그 순간들을 잘 분석하여 거기에 적합한 마케팅 콘텐츠나 광고들이 제공되어야 한다고 발표하였다. 실제로 연구 결과 96%의 사람들이 소비 관련 내용을 찾기 위해 스마트폰을 꺼내 든다고 한다.

성공적인 유수의 브랜드들은 적절한 순간에 적합한 정보를 가장 필요로 하는 고객에게 제공함으로써, 이러한 마이크로 모멘츠 니즈를 예측해서 대처하고 있다.

(참고 자료 : https://www.smartinsights.com/digital-marketing-strategy/7-major-digital-marketing-trends-2018/)

매우 중요해진 시각화

(Visualization More Important Than Ever)

최근에 유튜브, 페이스북 등 영상 콘텐츠의 중요성은 누구나 다 공감하고 있다. 이렇게 비주얼적이고 인터렉티브한 요소의 사용은 적합한 메시지나 콘텐츠의 스토리를 구독자에게 '재미있게' 전달할 수 있기 때문에 이전보다 더 강하게 오디언스들에게 받아들여진다. 이렇게 되면 영상 콘텐츠 플랫폼들의 영향력이 더욱 강력해질 것이다.

Digital Power Index(DPI)는 페이스북 팔로워수, 유튜브 구독자수, 누적 조회수, 검색량, 네이버 검색량, 광고 입찰가, 버즈량 등을 반영하여 계산한 결과이다. 압도적으로 유튜브의 영향력이 강하다는 것을 알 수 있는 지표이다.

랭킹	주제영역	주력채널	콘텐츠플랫폼	DPI
1	장난감/만화		토이푸딩	6,092
2	일상/예능		ASMR PPOMO 뽀모	5,236
3	음악/영화		1MILLION Dance Studio	4,167
4	음악/영화		JflaMusic	3,673
5	장난감/만화		토이몬스터	3,269
6	장난감/만화		NaoFun Toys	3,146
7	장난감/만화		뽀로로	2,676
8	장난감/만화		PomPomToys	2,560
9	음악/영화		jwcfree	2,549
10	요리/맛집/먹방	f	오늘 뭐 먹지?	2,517
11	게임		도티 TV	2,148
12	패션/뷰티		PONY Syndrome	2,139
13	장난감/만화		캐리와 장난감 친구들	2,110
14	장난감/만화	f	Larva TUBA	2,042
15	음악/영화	f	일반인들의 소름돋는 라이브	1,934
16	유머/오락/공감	f	피키캐스트	1,894
17	일상/예능	f	영국남자	1,868
18	연예/드라마	f	연예플레이리스트	1,800
19	일상/예능	f	데이브	1,625
20	장난감/만화		핑크퐁 (인기 동요 동화)	1,593
21	꿀팁/리뷰	f	쉐어하우스	1,538
22	일상/예능	f	쿠쿠크루	1,467
23	일상/예능		허팝	1,416
24	요리/맛집/먹방		밴쯔	1,379

DPI 지표 (출처: 데이터마케팅코리아)

(참고 자료 : https://www.thinkwithgoogle.com/consumer-insights/mobile-search-consumer-behavior-data/)

네이티브 광고의 가시성
(The Best Visibility with Native Ads)

적합한 잠재 고객군에게 자연스럽게 브랜드를 노출하기 위한 방법으로, 네이티브 광고는 필수적이 되었다. 보통 광고에 대한 거부감이 강하기 때문에 네이티브 광고를 통해 자연스럽게 콘텐츠를 소비할 수 있게 도와주고 여기서 제품을 스토리에 담아내거나 거부감을 줄여주는 형태로 사람들의 반응을 이끌어낸다.

중요한 것은 별로 상관없는 내용에 억지로 네이티브 광고를 넣지 말고, 실제로 해당 콘텐츠를 읽는 방문자들이 정말 필요로 할 때 적합한 정보를 넣는 것이다. Polar & BI intelligence에서 제공한 데이터에 따르면, 모바일 디바이스에서 프리미엄 네이티브 광고의 CTR는 기존 디스플레이 광고의 무려 4배에 달한다. 또한 네이티브 광고는 데스크톱 PC에 비해 태블릿이나 스마트폰에 대한 참여율이 높은 것으로 나타났다.

맞춤형 및 고객 중심 콘텐츠
(Say 'Yes' to Personalized and Customer - Centric Content)

콘텐츠는 마케팅 계획을 짤 때 가장 중심이 되어야 한다. 이는 각 고객들에게 맞춤형 경험을 제공해야 한다는 중요한 마케팅 목표와도 연결되어 있다. 그런데 여기서 빠지면 안 되는 질문은 다음과 같다.

"각 고객들의 특정 요구 사항들이 과연 완벽히 제공되고 있는지 어떻게 알 수 있을까?"

핵심은 기존의 정적인 콘텐츠(static content)에서 동적으로 풍부한 콘텐츠(dynamically-rich content)로 이동하는 것이다. 가장 좋은 방법은 동적인 웹 사이트와 스마트한 마케팅 자동화 플랜으로 최고의 콘텐츠를 제공하는 것이다.

예를 들어 새로운 방문자가 홈페이지를 방문하면, 그 사람이랑 대화하는 메시지는 기존 고객에게 전달하는 메시지와 달라야 한다. 새로운 방문자에게는 사이트에 매력을 갖고 지속적으로 머물게 하기 위해 멋진 기성품 스냅샷과 매력적인 메시지가 담긴 콘텐츠가 전달되어야 한다.

기존 고객의 경우에는 최근 방문 기록이나 구매 기록을 기반으로 해당 고객의 특정 요구 사항에 맞는 개별 메시지를 준비하거나 기존 메시지를 철회할 수도 있어야 한다.

인플루언서 팀을 키워라
(Raise a Team of Influencers)

이미 브랜드를 사랑하는 고객들이 있다면, 그들은 브랜드 인지도를 높이고 입소문을 내줄 수 있는 강력한 기반이 될 것이다. 어떻게 하면 고객들을 강력한 인플루언서로 변화시킬 수 있을까?

고객이 원하는 바를 잘 파악하고 그것을 제공해야 한다. 그들의 문제를 이해하고 솔루션을 제공한다면 쉽게 브랜드 충성도를 올릴 수 있다. 나도 디자인 씽킹 공부를 하면서 '고객과 공감하기' 단계를 통해 고객의 문제를 좀 더 쉽게 이해했다.

브랜드 확산과 인지도 재고에 도움이 될 수 있는 강력한 인플루언서 팀을 얻고 싶다면, 마케터는 우선 이 그룹에서 얻을 수 있는 이점들을 파악해야 한다. 여기서 포인트는 자신의 지인이나 관심 있는 사람들에게 브랜드에 대한 긍정적인 의견이나 후기를 들려주는 것이다. 고객들이 어떤 것을 이야기할지 상상해보는 것도 좋다.

스노우볼 이펙트(snowball effect)라는 것이 있다. 브랜드에 만족한 고객은 자신뿐만 아니라 친구, 가족, 지인들에게도 좋은 영향을 전파한다. 이 그룹이 브랜드를 직접 사용하게 될 때 더 감탄하게 되며, 입소문은 커지고 이러한 주기가 계속 이어지는 현상을 말한다.

콘텐츠 개발자에 대한 투자
(Investment in Content Developers)

독창적인 콘텐츠 개발과 많은 잠재 고객 확보를 위해서는 능력 있고 경험이 풍부한 작가를 고용해야 한다. 이로써 긍정적인 입소문으로 기존 고객군을 유지시키면서 더 많은 잠재 고객들을 불러올 강력한 콘텐츠를 개발해서 홍보할 수 있다. 이들은 단어를 가장 완벽하고 창조적으로 다루는 방법을 알고 있다.

올바른 데이터로 변환
(Convert with the Right Data)

올바른 데이터를 갖고 있으면 마케터가 고객의 행동을 예측하고 가장 좋은 마케팅을 실행할 수 있다. 2018년으로 접어들면서 소비자의 실시간 응답이 예전보다 더 중요해지고 있으며, 관련 데이터를 얼마나 적합한 툴로 분석하는지 또한 매우 중요해질 것이다.

PART 2

구글 애드워즈를 활용해
디지털 노마드로 살아남기

구글 애드워즈를
해야 하는 이유

구글은 10년간 절대 망하지 않을 기업이다

혼자서 수익 활동을 하는 디지털 노마드가 알고 있어야 할 가장 중요한 점은 무엇일까? 바로 수익 활동을 하고 있는 장이 '나'의 시간과 돈을 장기적으로 투자하기에 좋은 곳인지를 아는 일이다.

나는 마케터로서, 디지털 노마드로서 기업과 국내 플랫폼의 광고 시스템, 그리고 미디어에 큰 영향력을 행사하는 구글이 쉽게 망하지 않을 것이라고 확신한다. 그래서 구글에 나의 시간과 돈을 투자하기로 결정한 것이다.

현재 구글을 국내 디지털 시장의 점유율을 점점 높여가고 있다. 그 기업의 도구 중 하나인 구글 애드워즈를 통해 더 큰 시야를 확보하고 싶다면, 지금이 적기다. 페이스북과 함께 애드워즈를 배우고 시작해보자.

왜 이 시기에 구글 애드워즈를 해야 할까?

개인이 수익 활동을 위한 디지털 도구를 선택할 때 대부분 페이스북, 인스타그램, 네이버 등의 플랫폼을 자연스럽게 선택한다. 바로 모두가 하고 있다는 단순한 이유 때문이다.

반면에 구글 애드워즈의 시스템은 사람들이 잘 모르고 익숙하지도 않아서 마케팅 도구로 잘 선택하지 않는다. 이 때문에 국내에는 애드워즈에 관한 책이나 정보가 페이스북, 네이버 마케팅에 비해 현저하게 적다. 그러다 보니 경쟁자도 타 플랫폼에 비해 적다. 그러므로 구글 애드워즈를 이해하고 전략적으로 접근한다면, 오히려 충분히 의미 있는 성과를 낼 수 있다고 생각한다.

디지털 마케터는 마케팅 도구 및 수익의 다각화를 이루어야 살아남는다. 즉 현금을 발생시킬 수 있는 도구들을 잘 활용할 줄 알아야 한다. 디지털 마케터로서의 한 개인이 시장을 통제할 수 없기 때문이다. 페이스북, 구글, 네이버, 다음 등 대형 플랫폼은 로직 등이 바뀔 때마다 수익이 발생하는 경로가 일시적으로 또는 장기적으로 막히는 상황이 발생할 수 있다.

따라서 페이스북이라는 삽, 구글이라는 드릴 등 금(수익)을 채굴할 수 있는 여러 도구의 활용법을 알아야 하며 개인이 통제하지 못하는 상황을 언제든 대비하고 있어야 한다.

그렇다면 구글 애드워즈라는 도구는 무엇일까?

구글 애드워즈 로고

구글 애드워즈는 전 세계에서 가장 인기 있는 PPC 광고 시스템이다. PPC(Pay per Click model) 모델이란 광고주의 광고를 유저가 클릭할 때마다 광고주가 수수료를 지불하는 인터넷 마케팅의 방식이다. 본질적으로 유저가 자연 검색 등을 통해 유기적으로 방문을 유도하는 것이 아니라 유저의 사이트 방문을 광고주가 구매하도록 설계된 모델이다. PPC 모델의 대표적인 예로는 네이버와 구글을 들 수 있다.

이 플랫폼을 활용하면 제휴 사이트와 쇼핑몰 등에서 제공하는 상품이나 자신의 상품 및 서비스 광고를 Google 검색 엔진과 파트너를 맺은 사이트(국내 언론사, 커뮤니티 등)에 게재할 수 있다.

구글 애드워즈 광고 예시

예시에서 보듯 애드워즈는 유저가 '결혼 박람회'와 관련된 키워드를 검색할 때 광고주(개인, 기업)가 등록한 광고를 구글 검색 엔진 결과 창에 노출시켜준다. 결과적으로 광고주로서 마케터는 애드워즈 광고 시스템을 통해 등록한 광고가 클릭될 때마다 즉 일반 유저를 우리의 랜딩 페이지로 유입시킬 때마다 구글에 수수료를 지불해야 한다.

구글 애드워즈라는 도구를 활용해서 자신이 원하는 목표에 달성하기 위해 기억해야 할 것은 무엇일까? 바로 디지털 도구에 대한 정확한 이해를 바탕으로 어떻게 목표를 달성할지 전략적으로 생각해야 한다는 것이다. 전략은 다음 7가지 질문으로 점검할 수 있다.

첫째, 구글 검색 엔진을 이용하는 사람들의 인구 통계학적 특성은?(성별 / 연령 / 지역 등), 둘째, 구글 애드워즈의 프로세스 로직은? 셋째, 어떤 제품과 서비스(머천트)를 홍보할 것인지? 넷째, 그 제품을 주로 찾는 사람이 누구일지?(선별 / 연령 / 지역 등), 다섯째, 어떤 키워드를 설정할지? 여섯째, 구글 검색 결과 창의 경쟁 상황은? 마지막으로, 애드워즈에 가용할 수 있는 나의 한 달, 일주일, 하루 예산은?

이 7가지 질문에 대해 컴퓨터가 아니라 직접 손으로 써보며 전략을 세우고, 이를 반복할 것을 추천한다. 위의 7가지 질문에 답하는 일이 귀찮거나, 이걸 왜 해야 하나라는 의문이 생길 수도 있다. 그러나 한 개인이 기업처럼 움직여야 하는 요즘에는 전략적이고 체계적인 마케팅 접근법이 필수이다.

이 방법에 따라 한 달 후, 일 년 후의 결과가 크게 차이 날 수밖에 없다. 자신의 최종 목표와 방향을 진지하게 고민하면서 직접 적어보고, 어떻게 접근할 것인지 청사진을 그려보자.

나만의 관점으로
구글 애드워즈 바라보기

모르면 필패한다

구글의 광고 상품인 애드워즈를 처음 접하는 사람들은 이 장을 주의 깊게 읽어보고 '나'는 기존에 어떠했는지, 어떻게 접근할 생각이었는지를 재고해 보는 시간을 가져보자. 기존에 알고 있거나 이미 다루고 있는 툴과 다른 것을 다룰 때는 신중해야 한다. 그렇지 않으면 비용만 지출하는 악순환의 고리에 빠지고 말 것이다. 먼저 구글 애드워즈라는 디지털 도구를 다루기 앞서, 반드시 이해해야 할 두 가지를 살펴보자.

① 구글 플랫폼의 성격

먼저 구글이라는 플랫폼의 본질을 완벽하게 이해하고 접근해야 한다. 일반 사람들은 구글이라는 플랫폼을 전 세계 많은 사람이 이용하는 검색 엔진, 향후 10년간은 망하지 않을 기업 정도로 인식하고 있다. 하지만 디지털 도구를 다루어 수익을 창출하고자 하는, 디지털 노마드로 살아가기를 꿈꾸는 마케터라면 구글의 디지털 플랫폼을 바라보아야 한다.

구글의 모기업 알파벳은 지난 2017년 마지막 분기의 광고 매출이 총 273억 달러(추정)라고 밝힌 바 있다. 또한 구글은 페이스북과 함께 전 세계 디지털 광고 시장의 약 70%를 점유하고 있다. 즉 광고주가 지불하는 비용을 통해 이윤을 창출하는 기업임을 확인할 수 있다. 그러므로 이 사실을 잊지 말고 구글의 광고 상품을 효과적으로 이용해야 한다.

　여러분은 구글과 파트너 제휴를 맺고 있는 관계인 동시에 B2B 거래를 하고 있는 입장에서 구글 애드워즈를 자신의 상품과 서비스에 적절히 활용해야 한다. 플랫폼에 대한 이해가 없다면 구글과 여러분이 윈윈 하는 관계가 아닌, 구글 기업에게만 일방적인 고객으로 전락하게 된다.

　처음 구글 광고 상품을 접하는 분들을 위해 더욱 쉽게 설명하겠다.

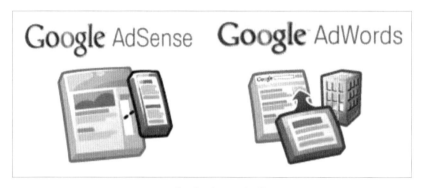

구글 애드센스와 구글 애드워즈

　위 그림에서 보는 것처럼 구글 광고는 크게 구글 애드센스와 구글 애드워즈로 분류된다. 애드센스(AdSense)는 광고주를 위한 애드워즈와 대비되는 구글의 광고 프로그램이다. 웹 사이트 소유자는 애드센스에 가입함으로써 광고 수익을 구글과 나눌 수 있다. 광고 수익은 사용자가 애드센스 광고를 클릭하면 광고 게시자는 구글에 광고비를 지급하고, 구글은 그렇게 적립된

광고비를 웹 사이트 제작자와 나누어 갖는다.(출처: 위키백과)

　　반면 애드워즈(Adwords)는 구글과 파트너 제휴를 맺어, 자신이 광고주로서 상품과 서비스를 구글 검색 엔진, 파트너 제휴를 맺은 언론사, 웹 사이트 등에 광고할 수 있도록 해주는 상품을 말한다.

축구에 비유한 구글

　　예를 들어 구글이라는 축구 경기장에서 구글과 이야기를 만드는 사람들(웹 사이트, 블로그 운영자)이 함께 수익(티켓 수익)을 나누어 갖고, 구글이라는 경기장에 모인 사람들에게 광고주의 상품과 서비스를 홍보하는(구글 애드워즈) 시스템이라고 이해하면 쉽다.

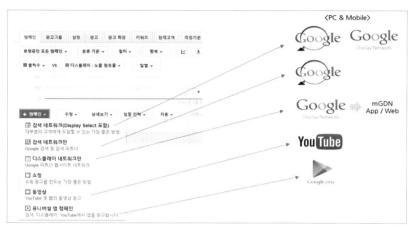

구글의 광고 상품

위와 같이 구글은 광고주에게 다양한 형식으로 유저에게 상품과 서비스를 노출시킬 수 있는 광고 상품을 제공한다.

- 검색 네트워크

구글 검색 창 및 파트너 사이트에서 자신이 필요한 정보를 검색하는 유저들에게 텍스트 형식의 광고를 노출하는 광고 상품을 의미한다.

- 디스플레이 네트워크

구글과 파트너를 맺은 사이트, 블로그를 방문하는 유저들에게 이미지, 텍스트 형식의 광고를 노출하는 광고 상품이다.

- 쇼핑 광고

2018년 1분기를 기준으로 한국에서 구글의 다른 광고 상품에 비해 활성화 되지는 않았지만, 구글 판매자 센터와 연동하여 상품과 서비스를 판매할 수 있는 광고 상품이다.

- 동영상 광고

관심 있는 유튜브 영상을 볼 때 우리가 많이 접하는 형태의 광고 상품으로, 유튜브 동영상을 보는 유저들에게 동영상 형태로 노출하는 광고 상품을 의미한다.

- 유니버설 앱 캠페인

위에서 설명한 검색, 디스플레이, 유튜브 동영상 광고의 다양한 형태로 유저들에게 광고주의 앱 설치 다운로드나 재참여를 유도하기에 적합한 광고 상품이다.

위의 5가지 광고 상품에 대한 정확한 이해를 통해, 자신만의 관점을 가지고 제대로 활용할 줄 안다면 구글, 유저, 광고주 모두가 윈윈 하는 관계를 형성할 수 있다.

② 구글 애드워즈 광고 프로세스

마케터라면 플랫폼의 기본적인 프로세스는 알고 있어야 한다. 구글 애드워즈 광고는 어떤 프로세스로 운영될까?

구글은 검색 엔진, 파트너 웹 사이트 등에서 유저들의 검색 기록, 특정 사이트에 머문 시간 등의 빅데이터를 활용하여 온라인 유저들의 행동을 예측해주며, 광고주가 효과적인 광고를 할 수 있게끔 도와준다.

이러한 광고 형태를 프로그래매틱 광고라고 하는데 사람들이 알고 있는 페이스북, 네이버 등의 대형 플랫폼은 유저의 데이터를 기반으로 한 프로그래매틱 광고를 활용하고 있다. 그렇다면 어떻게 사용자의 데이터를 수집할까? 구글은 총 3가지의 경로를 통해서 하고 있다.

구글의 데이터 수집 경로

Web

사용자가 자신이 필요한 정보를 얻기 위해 구글 검색 엔진에서 검색했거나, 구글과 파트너를 맺은 사이트에서 구글 광고를 클릭했을 경우 사용자의 쿠키[출처: 네이버 지식백과 / 웹 사이트에 접속할 때 자동적으로 만들어지는 임시 파일로 이용자가 본 내용, 상품 구매 내역, 신용카드 번호, 아이디(ID), 비밀번호, IP 주소 등의 정보를 담고 있는 일종의 정보 파일]를 구글 봇이 사용자의 연령, 관심사 등으로 분류하여 구글의 데이터 창고에 축적한다.

App

사용자의 Device를 기반으로 사용자가 Google Playstore에서 어떤 키워드를 검색했는지, 어떤 App을 다운받는지 등의 데이터를 축적한다. 이는 Facebook의 데이터 수집 방법과 동일하게 사용자의 Device에서 쌓인 데이터를 통해 모바일 유저의 데이터를 축적한다고 이해하면 된다.

Youtube

동영상에 1×1 pixel을 심어 사용자가 어떤 영상에 관심이 있는지 등의 데이터를 확보한 후 분석한다. Youtube를 실행했을 때 기존에 본 영상과 장르가 비슷하거나 관련 있는 영상이 먼저 노출되는 것도 구글 봇이 유저의 행동 데이터를 기반으로 유저가 관심을 가질 만한 영상을 예측해 보여주기 때문이다.

이와 같이 3가지의 경로로 구글 봇은 사용자의 연령, 성별, 지역 등을 분류하여 데이터를 축적한다. 이렇게 쌓인 사용자의 데이터를 돈을 지불하는 광고주, 마케터는 활용할 수 있다. 단, 주의할 점은 구글뿐만 아니라 페이스북, 네이버에서 광고주에게 보여주는 데이터를 과신해서는 안 된다. 이는 뒤에서 자세하게 다룰 것이다.

플랫폼과 구글의 프로세스에 대한 이해 없이 구글 애드워즈를 시작하면 소중한 광고비를 제대로 활용하지도 못하고 구글에 일방적으로 지불하게 된다. 지금부터 처음 시작하는 사람들이 구글 애드워즈에 어떻게 접근하면 좋은지에 대해서 알아보자.

구글 애드워즈 접근법

구글 애드워즈라는 디지털 도구나 기존에 다루어 본 적이 없는 새로운 분야를 접했을 때는 언제나 경계심을 늦추어선 안 된다. 혹시 제휴 마케팅 등 다른 사람들이 애드워즈를 통해 수익이 나는 것을 보고 조급해하거나, 플랫폼을 모르지만 나도 수익을 창출할 수 있을 것이라는 막연한 생각으로 도구를 다루었다가는 적자의 늪에 빠질 수 있다.

만약에 자신이 플랫폼을 정확하게 모르거나, 자신만의 매뉴얼이나 관점이 확립되지 않은 상태로 광고 캠페인을 운영하고 있다면 중지하길 바란다. 여기서 다루는 접근 단계들을 모두 완료하고 애드워즈를 활용하자. 확실하게 알지 못하는 분야에 돈을 투자할 때는 신경을 써야 한다는 사실을 다시 한 번 강조하고 싶다.

그러면 애드워즈는 어떻게 공부하고 접근해야 할까? 이에 대한 답은 여러분이 이미 잘 알고 있으리라 생각한다. 학교나 직장에 처음 들어가서 어떻게 공부를 했는지 복기해보면 스스로 답을 찾을 수 있을 것이다. 학교에서 좋은 성적, 직장에서 성과를 내는 사람들은 항상 기본에 충실하며 주어진 역할에 최선을 다한다. 애드워즈라는 디지털 도구를 통해 의미 있는 성과를 내는 일도 이와 유사하다.

지금부터 설명하는 내용은 내가 애드워즈에 접근했던 방법으로 모두에게 동일하게 적용되지는 않을 것이다. 그러므로 순서는 바꾸어서 진행해도 무방하다.

1단계 – 구글 애드워즈 유튜브 온라인 세미나

구글 애드워즈에 대해서 자신만의 관점으로 해석한 강사들의 강의를 듣기 전에 우선해야 할 것이 있다. 애드워즈라는 광고 상품을 만들어낸 기업이 애드워즈를 어떻게 소개하는지부터 알고 있어야 한다. 플랫폼의 주인인 구글이 애드워즈에 대해 설명하는 업로드 동영상을 모두 시청해보라.

구글 애드워즈 유튜브 온라인 세미나

유튜브 검색 창에 구글 애드워즈 온라인 세미나에 들어가면 구글 코리아의 마케팅 교육 팀이 광고주에게 제공하는 동영상이 업로드되어 있다. 해당 영상들을 기능별, 네트워크별 등으로 스스로 분류하여 수강하자.

국가	전화번호	시간	요일	언어
한국	1577 5995	오전 9:30~오후 6시, 한국 표준시	월~목	한국어
	1577 5995	오전 9:30~오후 4시, 한국 표준시	금요일	한국어

구글 마케팅 솔루션 팀 연락처

해당 영상의 강의안들은 구글 마케팅 솔루션 팀에 문의하면 개인 메일로 받을 수 있으니 필요하면 요청하자. 또한 구글 애드워즈 교육 영상을 보면서 기본적인 기능에 대해 잘 이해가 안 된다면 마케팅 솔루션 팀과 소통한 후 내용을 일지에 기록하여 차후 플랫폼을 더 심도 있게 공부할 때 참고하라. 앞서 설명한 것처럼 확실한 이해가 될 때까지 자신이 할 수 있는 최선을 다해야 하는 점을 잊지 말아야 한다.

2단계 – 구글 애드워즈 인증 시험공부

온라인 세미나의 내용을 내 것으로 만들었다면, 그다음 단계는 구글에서 인증받을 수 있는 애드워즈 인증시험을 보는 것이다. 개인 사업, 디지털 노마드 등 개인의 전문성을 구글이라는 기업을 통해 인증받을 수 있으며, 시험을 보면서 배웠던 개념을 어떻게 응용할 수 있을지 스스로 생각해볼 수 있다.

구글 파트너스 가입 첫 화면

구글 파트너스 사이트로 이동하여 Join now를 클릭한 후 다음 단계로 넘어가자.

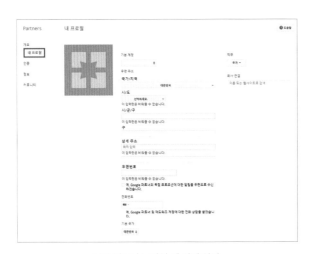

구글 파트너스 가입 두 번째 화면

구글 파트너스 가입 세 번째 화면

두 번째 화면에서 볼 수 있듯이 애드워즈 계정으로 사용하는 이메일로 가입을 완료하고, 세 번째 화면의 빨간 박스 내 프로필에서 기본적인 정보를 입력하여 파트너스 계정을 설정하자.

구글 애드워즈 인증 시험

이후 구글 광고 아카데미로 이동하면 구글 애드워즈 인증 시험을 볼 수 있는 자격이 주어진다. 구글 애드워즈 인증을 받기 위해서는 총 2개의 시험 (기초 인증 시험 + 검색~쇼핑 광고 중 1가지)을 응시한 후 합격하면 다음과 같이 구글에서 '개인'과 '팀'의 전문성을 인증해주는 자격증을 발급받을 수 있다.

구글 애드워즈 인증 시험

구글 애드워즈 인증 시험은 오픈 북이라 구글에서 제공하는 애드워즈 도움말과 유튜브 온라인 세미나를 보면서 정리한 내용을 토대로 치른다면 누구나 합격할 수 있다.

만약 불합격 시 시험 일자 기준 7일이 지난 시점에서 재응시가 가능하다. 제한 시간이 있으므로 시간 분배 및 불필요한 창 닫기, 인터넷 속도 체크 등 시험에 최적화된 환경을 먼저 조성해야 한다. 시험에 대해 더 자세하게 알고 싶다면 디지털노마드 카페의 관련 칼럼을 한 번 읽어보라.(http://cafe.naver.com/bujacafe1/35877)

3단계 – 정리 및 관점을 벤치마킹할 것

2단계까지 완료했다면 그동안 배운 내용과 아이디어들을 노트에 보기 쉽게 정리해보라. 이후 디지털 노마드 마케터로서, 어떻게 구글 애드워즈라는 도구를 수익 창출의 과정으로 일과에 적용시킬지 청사진을 그려보자. 스스로 활용 방안을 그려본 사람과 그러지 않은 사람은 확연하게 성과가 차이 난다.

추가적으로 공부가 더 필요하다고 생각한다면 네이버 카페 디지털 노마드(http://cafe.naver.com/bujacafe1/)를 방문하여 칼럼과 무료로 제공되는 영상을 보면서 확실하게 이해를 한 다음, 애드워즈를 실습하기 바란다.

PART 3

구글 애드워즈
광고 기본 세팅

구글 애드워즈
광고 파헤치기

계정 생성 및 결제 설정

구글 애드워즈 광고주로 활동하기 전에 가장 기본적인 가입 방법부터 알아보자. 가입하면 제품이나 서비스를 구글이라는 큰 틀 안에서 홍보할 수 있는 권한이 생긴다.

안녕하십니까, Google 애드워즈입니다!

몇 가지 단계에 따라 간단히 애드워즈에 가입하고 광고를 시작하는 방법에 대해 알려드리겠습니다.
애드워즈를 이용한 적이 있는 사용자의 경우 설정 가이드 단계를 건너뜁니다.

이메일 주소

email@example.com

웹사이트 URL

www.example.com/books

계속

간단한 단계를 거쳐 Google에 광고
게재를 시작하세요.

애드워즈 계정 생성

구글 애드워즈 가입 첫 화면에서 자신의 G-mail 주소와 자신이 홍보할 웹 사이트의 주소를 입력한다. 웹 사이트 란에는 자신의 블로그나 쇼핑몰이 있다면 홈페이지 주소를 입력하면 된다. 웹 사이트가 없는 경우에 www.

tistory.com, www.naver.com 등 자신이 주로 마케팅 활동을 하는 대표 포털 사이트 주소를 입력해도 된다.

계속을 누르면 다음에 나오는 화면이 보이는데 플랫폼에 대한 이해 없이 임의로 설정하면 광고비가 지출되는 캠페인이 만들어지기 때문에 주의하자. 임의로 만든 캠페인은 이후 삭제해도 되지만 계정에 악영향을 줄 수도 있다.

내가 경험한 구글 애드워즈는 광고주가 캠페인을 어떻게 만들고, 그동안 어떻게 운영했는지 같은 광고주의 이력을 구글 기업만의 로직을 바탕으로 종합 점수로 산정한다. 애드워즈 봇이 광고를 효과적으로 운영하지 못한다고 판단할 경우, 앞으로 광고를 운영하는 데 지출 비용 상승 등의 불이익을 줄 수 있으므로 시작이 중요하다.

첫 번째 캠페인

캠페인은 주제 또는 제품 그룹에 초점을 맞춰야 합니다. 캠페인을 만들려면 예산을 설정하고, 잠재고객을 선택하고, 광고를 작성하세요. 옵션 선택에는 비용이 청구되지 않으며 나중에 언제든지 변경할 수 있습니다.

1. 지출 금액 결정

내 예산	일일예산 설정	✎

2. 타겟 잠재고객 선택

위치	대한민국	✎
네트워크	검색 네트워크, 디스플레이 네트워크	✎
키워드	키워드 선택	✎

3. 입찰가 설정

입찰가	애드워즈가 예산 내에서 최대한 많은 클릭이 발생하도록 입찰가를 자동으로 설정합니다.	✎

4. 광고 만들기

텍스트 광고	광고 만들기	✎

☑ 광고 실적 개선을 위한 맞춤정보 및 권장사항을 수신하겠습니다.

[저장하고 계속하기]

첫 번째 캠페인

지출 금액 결정

첫째, 일일 예산을 1로 설정 시 입력값이 너무 낮다는 안내 창이 나오면서 저장이 안 된다. 처음 계정을 만들 때는 2로 설정하자. 이렇게 낮게 설정하는 이유는 자신도 모르게 애드워즈 첫 캠페인을 만들고 방치해두었다가 의미 없는 곳에 비용이 지출될 수 있는 상황을 예방하기 위해서다.

타깃 잠재 고객 선택

둘째, 타깃 잠재 고객 선택 란을 입력할 때, 여러분이 입력한 웹 사이트 URL과 연관성이 있다고 판단한 키워드를 구글 봇이 추천해준다. 자사의 제품이나 서비스를 홍보하려는 광고주의 경우는 위의 화면을 캡처한 후 자신만의 폴더에 저장해두길 바란다.

자신의 웹 사이트가 없는 광고주, 즉 대표 포털 사이트를 입력한 광고주는 위와 같은 화면이 보이면 우선 저장을 눌러 다음으로 넘어가자. 검색 인기도, 연관성 있는 키워드 아이디어를 얻는 방법은 Part 5에서 자세히 다룰 것이다.

 셋째, 입찰가 설정을 보면 기본으로 애드워즈가 예산 내에서 최대한 많은 클릭이 발생하도록 자동으로 설정하는 부분에 체크 표시가 되어 있다. 여기서 애드워즈 봇 설정에 대한 의문을 가져야 한다.
 애드워즈에서 권장하는 자동 입찰 설정을 하면 클릭이 많이 발생할 것이라 믿고 넘어가면 안 된다. 광고 예산의 통제권을 애드워즈 봇에게 넘기지 말고, 자신이 가지고 있어야 한다. 항상 입찰가를 직접 설정하도록 하자.

입찰가 설정

광고 만들기

마지막으로 광고 만들기 부분에서는 자신이 홍보하려는 홈페이지, 작성한 광고 카피가 일반 유저에게 어떻게 보이는지를 보여준다. 이 부분은 Part 5에서 자세하게 다룰 것이다. 우선 애드워즈가 보여주는 텍스트를 그대로 입력하면 된다. 맨 밑에 광고 실적 개선에 대한 메일을 받겠다는 부분은 꼭 체크하자. 애드워즈 봇이 나의 광고를 어떻게 평가하고 있는지, 애드워즈 변경 사항 같은 구글의 최신 트렌드는 마케터로서 지속적으로 캐치하고 있어야 하기 때문이다.

지급

아래에 결제 정보를 입력하세요. 광고가 게재되고 사용자가 클릭하기 전까지는 비용이 청구되지 않습니다.

광고

서울 중저가 호텔 ~ 한눈에 보는 서울 호텔
광고 www.naver.com

내 집같은 곳

광고는 사용자의 기기에 따라 약간 다르게 표시될 수 있지만 광고문안은 동일하게 유지됩니다.

일일 예상 도달범위
클릭수: 0회

예산과 입찰
일일예산: ₩2.00
기본 입찰가: ₩2.00

결제 정보

청구서 수신 국가   한국

시간대   (GMT+09:00) 서울

시간대는 전체 계정에 적용되며 나중에 변경할 수 없습니다.

지급 설정

다음으로 넘어가 지급이라는 화면에서 청구서 수신 국가, 시간대는 그대로 두고, 신규 고객용 코드를 획득하는 방법을 꼭 알고 적용해보자. 신규 고객용 코드는 구글 애드워즈 광고주를 유치하는 구글의 프로모션으로 최대 10만 원의 쿠폰을 광고주에게 지급하므로 신규 고객용 코드를 입력하지 않고 넘어가는 실수를 하면 안 된다.

Google   구글 애드워즈 프로모션 코드

전체   이미지   뉴스   동영상   지도   더보기   설정   도구

검색결과 약 183,000개 (0.29초)

Google 애드워즈 신규고객 혜택 | 첫 광고에 10만원 절약하기
광고 www.google.co.kr/ ▼ 080-230-2002
광고를 통해 새로운 고객을 만나세요. 지금 가입하고, 혜택을 받으세요.
고객이 찾도록 하세요 · Google 검색 노출 · 사용자 설정 리포트 · 온라인에 노출하기
유형: 검색 광고, 배너 광고, 동영상 광고, 모바일 광고, 앱 프로모션

실적에 따라 결제   애드워즈의 동작 방법
광고 예산을 설정해 보세요.   광고 작성후 키워드를 선택하세요.
광고가 클릭될때만 지불하세요.   광고 설정하는 방법을 확인하세요.

애드워즈 신규 고객 혜택

구글 검색 창에 '구글 애드워즈 프로모션 코드'라는 키워드를 입력하고 상단에 구글이 광고하는 신규 고객 혜택이라는 사이트를 방문해보자.

애드워즈 신규 고객용 코드 발급

다음 화면에서 애드워즈 첫 가입 시 입력한 이메일을 쓴 다음 쿠폰 번호를 발급받자. 이후 진행 중인 애드워즈 지급 설정 화면에서 코드를 입력하면 자신의 이메일로 구글의 신규 광고주로 10만 원의 광고 비용을 받을 수 있다.

이후 다음 화면에서 볼 수 있듯이 애드워즈 광고 결제 설정에서 광고 비용을 수동으로 결제할 것인지, 자동으로 결제할 것인지를 설정하게 되는데 나는 자동 결제를 추천한다. 수동 결제를 설정하면 광고가 게재되다가 입금한 비용이 소진되면 다시 무통장으로 입금해야 하는 등 시간을 뺏기게 되며, 유저들의 트래픽이 활발하여 나의 제품이나 서비스로 구매 전환이 되는 황금 시기를 놓칠 수 있기 때문이다. 자동 결제를 설정해도 자신의 광고 운영 전략의 큰 틀을 설계해놓으면 광고 비용이 쓸데없이 지출되지 않으므로 걱정하지 않아도 된다.

애드워즈 결제 설정

다음 화면에서 계정 유형을 개인, 사업자로 설정할 수 있는데 사업자라면 반드시 사업자로 설정하길 바란다. 최근 구글, 페이스북 등 디지털 플랫폼의 세금 납부를 정책적으로 강화하고 있기 때문에 지출한 광고 비용에 대한 세금 감면 혜택을 놓치지 말자.

계정 유형 [?]	사업자 ⬍
이름 및 주소 [?]	도/시 ⬍
	구/군 ⬍
	주소 ⬍
	주소 입력란 1
	주소 입력란 2
	업체명
	스타터
	우편번호
기본 연락처	스타터
	▒ - 전화번호
	starter@gmail.com

애드워즈 계정 유형

애드워즈 계정 생성

모든 설정이 완료되면 위와 같이 계정이 생성된다. 계정으로 이동 후 캠페인 탭을 클릭하면 다음과 같이 캠페인이 운영 중인 것을 확인할 수 있다.

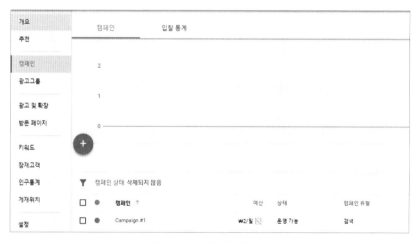

애드워즈 계정 생성 후 첫 화면

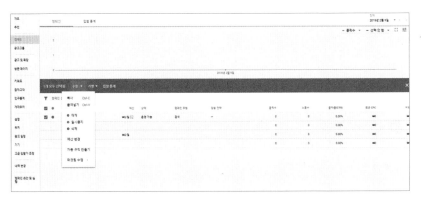

애드워즈 계정 생성 후 캠페인 삭제

아직 자신의 제품과 서비스를 홍보하는 것이 아니므로 해당 캠페인을 위와 같이 반드시 삭제하여, 쓸데없는 곳에 광고 비용이 빠져나가지 않도록 주의해야 한다.

캠페인 만들기 및 기본 기능의 이해

구글 애드워즈 유튜브 온라인 세미나를 수강하고 기초 인증 시험을 통과했다면 캠페인 만드는 방법을 이해하기 수월할 것이다. 먼저 애드워즈라는 디지털 도구에서 광고주에게 제공하는 기능을 알아보자.

구글 애드워즈는 다음 화면에서 볼 수 있듯이 계정, 캠페인, 광고 그룹이라는 3가지 계층으로 구분된다. 광고 그룹은 광고와 키워드로 이루어져 있다. 이 밖에도 애드워즈에는 광고주의 편의를 고려하여 홍보하려는 제품이나 서비스별로 설정할 수 있는 기능이 있다. 계정에는 광고주의 고유 이메일 주소, 비밀번호, 결제 정보가, 캠페인에는 예산과 광고 게재 위치(네트워크 유형)를 결정하는 설정이, 그리고 광고 그룹에는 광고를 만들고 적절한 키워드를 설정하는 항목이 시스템화 되어 있다.

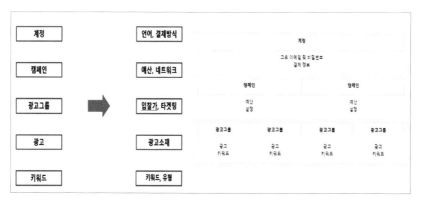

애드워즈 계층 구조 및 기능

애드워즈의 계층 구조에서는 키워드가 추가된 것을 제외하고는 페이스북 비즈니스 관리자 구조(계정, 캠페인, 광고 세트, 광고)와 유사하여 페이스북 광고 도구를 다룬 경험이 있는 마케터라면 구조를 이해하기 쉬울 것이다.

페이스북 계층 구조

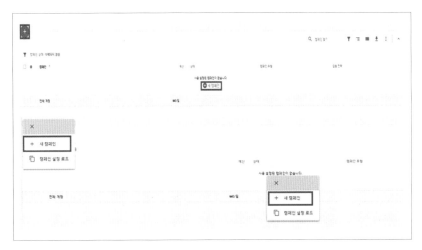

캠페인 만들기

위와 같이 애드워즈 가입 이후 첫 화면에서 빨간 박스로 표시해 놓은 것을 눌러 여러분의 상품, 서비스 또는 제휴 사이트의 머천트를 홍보할 수 있는 첫 캠페인을 만들어보자.

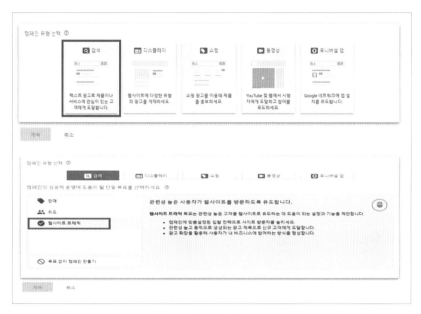

캠페인 유형 설정

위와 같이 광고주는 캠페인 유형과 유형별로 목표를 설정할 수 있다. 나는 홍보할 캠페인 유형은 검색 네트워크, 목표는 웹 사이트 트래픽으로 설정한다. 검색 네트워크 유형은 제휴 사이트의 상품과 서비스를 홍보하는 데 효과적이며, 웹 사이트 트래픽은 구글 검색 창을 이용하는 사람들이 내 광고를 클릭하여 랜딩 페이지에 방문하는 확률을 높일 수 있다고 판단해서다.

첫 캠페인을 만든다면 나와 동일하게 설정해도 좋지만, 디지털 도구와 마케팅에는 정답이 없기 때문에 적합하다고 생각하는 유형을 설정하여 많이 시도하고 관련 데이터를 확보해두자.

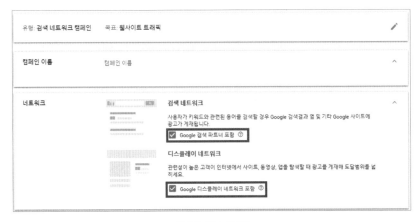

캠페인 세부 설정(1)

다음 화면인 캠페인에 대한 세부 설정에서 캠페인명은 광고주가 알아보기 쉽게 만들자. 많은 캠페인을 운영하고 있다면, 캠페인 설정 및 광고 실적 분석에서 혼동을 겪지 않도록 주의해서 이름을 지어야 한다.

네트워크의 항목에서 빨간 박스에 체크되어 있는 부분은 해제하자. 해제를 권하는 이유는 다음과 같다.

첫째, 광고주의 목적은 제품과 서비스를 사용자들이 구매하게끔 '구매 전환'하는 것이다. 그런데 체크 표시된 부분을 유지하면 원치 않는 노출과 클릭이 많이 일어날 수 있다. 둘째, 광고주가 모르거나 관련이 없는 위치에 광고가 게재될 수 있다. 이뿐만 아니라 광고를 하면서 쌓이는 데이터가 검색과 디스플레이 네트워크와 섞여서 검색 네트워크만의 데이터를 확인하는 데 어려움이 있다.

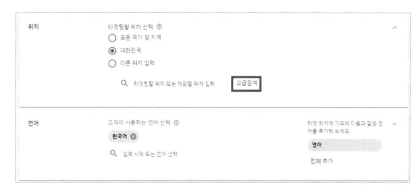

캠페인 세부 설정(2)

캠페인 설정에서 광고주는 홍보할 제품과 서비스를 특정 지역에만 노출시킬 수 있다. 위 화면에서 빨간 박스로 표시해 놓은 고급 검색을 클릭하면 아래와 같이 위치, 반경으로 지역 타깃팅이 가능하다.

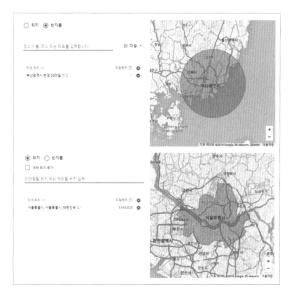

캠페인 세부 설정(3)

지역 타깃팅을 설정하면, 예를 들어 부산에서 열리는 웨딩 박람회를 부산과 인근 지역에 있는 사람들에게만 구글 검색 창에 광고를 노출시킬 수 있다. 마케터가 제휴 사이트 내 특정 지역을 기반으로 한 제휴 머천트를 홍보하고자 할 때, 지역 타깃팅 기능을 활용하면 설정하지 않을 때보다 좋은 성과를 달성할 수 있다.

캠페인 세부 설정(4)

캠페인의 예산을 설정하기 전에 구글 애드워즈 광고 예산을 월, 주, 일별로 분류한 후 자신의 예산을 고려하여 캠페인 예산을 설정해야 한다. 기업이 신중하게 각 부서 마케팅 예산을 집행하듯이, 자신을 1인 기업이라고 생각하고 광고 예산을 설정해야 한다. 구글에 자산을 투자해도 자신에게 전혀 피해가 없는 범위여야 한다. 애드워즈 광고 시스템은 마케터가 설정한 키워드라는 장치가 있어서 어떻게 설정해도 일일 예산이 모두 소진되지 않는 점을 참고하기 바란다.

또한 게재 방법에 따라 예산을 빠르게(빠른 게재), 또는 시간별로 균등하게(표준) 소진시킬 수도 있는데, 빠른 게재보다는 표준 설정을 추천한다. 물론 빠른 게재로 설정해도 키워드라는 장치가 있어, 예산이 빠르게 소진되지는 않는다. 다만 타깃으로 정한 사람들이 활동하는 시간대에, 마케터도 모르게 예산이 소진될 수도 있다. 그러므로 계획한 광고 전략에 차질이 생기지 않도록 표준 설정을 해야 안전하다.

캠페인 세부 설정(5)

위와 같이 애드워즈는 광고주의 목표(클릭수, 노출수, 전환수)에 따라 다르게 입찰 전략을 설정하라고 권한다. 어떤 설정이 좋고 나쁜지에 대한 답은 없지만, 수동으로 입찰가를 설정할 것을 추천한다. 아울러 구글 사용자가 해당 광고를 한 번 클릭했을 때 최대 얼마의 비용을 지불할 것인지를 의미하는 최대 CPC를 키워드별로 마케터가 직접 설정할 것을 권한다.

이유는 자동으로 설정할 경우 클릭수 최대화, 향상된 CPC 입찰 기능 등의 예산 통제권을 구글 애드워즈 봇이 가지게 되어, 자칫 마케터가 고려한 예산 범위를 초과하는 비용을 지출할 위험이 있기 때문이다. 최대 CPC 설정에 관해서는 책의 뒷부분에서 자세하게 다룰 것이다.

앞에서 언급한 것처럼 애드워즈라는 도구를 어떻게 활용하느냐에 따라서 구글에게만 좋을 수도, 구글과 광고주 모두가 윈윈할 수도 있다. 자신이 지출한 광고비 대비 성과가 좋으려면, 자신의 광고 예산에 직접적인 영향을 줄 수 있는 예산, 입찰가 전략 설정에 신중을 기해야 한다.

광고 확장 기능 예시

광고 확장 기능이란 위와 같이 검색 광고 하단에 추가로 제품이나 서비스에 대한 비즈니스 정보를 노출하는 기능이다. 이 기능을 이용하면 구글 검색 창을 통해 유입된 유저들에게 광고주의 제품이나 서비스에 대한 정보를 추가할 수 있어서 가시도가 높아지므로 경쟁에서 우위를 차지할 수 있다.

시작일 및 종료일	시작일: 2018년 3월 28일 종료일: 미설정	∨
사이트링크 광고 확장	광고에 더 많은 링크 추가	∨
콜아웃 광고 확장	광고에 더 많은 비즈니스 정보 추가	∨
전화번호 광고 확장	광고에 전화번호 추가	∨
구조화된 스니펫 광고 확장	광고에 텍스트 스니펫 추가	∨
앱 광고 확장	광고에 앱 광고 확장 추가	∨
추가 메시지 정보	광고에 문자 메시지 추가	∨
프로모션 광고 확장	광고에 프로모션 추가	∨
가격 광고 확장	광고에 가격 추가	∨
광고 순환게재	최적화: 실적이 우수한 광고를 선호	∨
광고 일정	종일	∨
위치 옵션	타겟팅: 타겟 위치에 있거나 타겟 위치에 관심을 ... 제외됨: 제외 위치에 있거나 제외 위치에 관심을 ...	∨
캠페인 URL 옵션	설정된 옵션 없음	∨
동적 검색 광고	웹사이트 기반 자동 검색 타겟팅 및 맞춤 광고 제목 설정	∨

광고 확장 기능

　캠페인을 만들 때 설정할 수 있는 광고 확장 기능은 매우 다양하며 적절히 사용하면 광고 성과를 높일 수 있다. 예를 들어, 광고 확장 기능을 사용하여 개인 식당, 온라인 쇼핑몰 등을 운영하는 경우는 매장 전화번호를 추가하는 전화번호 광고 확장, 사이트 링크 광고 확장으로 개인 쇼핑몰의 장바구니, 특정 계절 상품을 볼 수 있는 랜딩 페이지로 유저가 이동하게 할 수 있다.

　이 책에서는 제휴 사이트의 머천트를 구글 애드워즈라는 도구로 홍보할 때 적절한 광고 확장 기능(콜 아웃 광고 확장, 광고 일정)에 대해서 다루도록 하겠다.

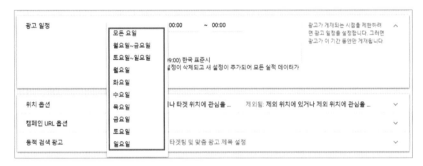

결혼정보회사 듀오 | 성혼회원수 36,844명 | duo.co.kr
(광고) www.duo.co.kr/ ▼
결혼정보업계 최초 소비자중심경영 CCM인증 획득. 소비자가 인정한 브랜드 듀오.
대한민국 대표브랜드 대상 · 22년의 역사와 규모 · 신뢰할 수 있는 회원수 · 투명한 성혼 회원수

콜아웃 광고 확장 활용 사례

위의 결혼 정보 회사 듀오의 사례처럼 콜 아웃 광고 확장을 통해 유저들에게 광고주의 비즈니스 정보를 추가하여, 유저의 클릭률을 높이는 효과를 얻을 수 있다.

광고 일정 설정

광고 일정 설정 기능은 광고주가 원하는 시간대에 캠페인에서 설정한 일일 예산을 지출하여 광고를 노출할 수 있는 기능이다. 제품이나 서비스를 홍보하고자 할 때, 구글 검색 창에서 검색하는 잠재 고객의 활동 시간대를 고려하여 광고 일정을 설정하길 바란다. 어느 시간대에 광고 효과가 좋을지, 스스로 정한 타깃의 활동 시간대를 정의해보면, 광고주의 광고 비용을 효율

적으로 지출하고 광고 효과를 높이는 데 도움이 될 것이다.

첫 캠페인 설정이 완료되면, 광고 그룹 설정 단계에서 어떤 키워드로 노출시킬 것인지, 카피를 어떻게 구성할 것인지 등 제품과 서비스의 광고에 대해 세부적으로 들어가게 된다.

다음 화면에서 광고 그룹 이름은 캠페인 설정과 동일하게 광고주가 알아보기 쉽게 지어준다. 기본 입찰가는 광고 그룹에 대한 최대 클릭당 비용(최대 CPC)에 관한 것으로 광고 그룹 하위 계층인 키워드 전체에 동일하게 설정할 수도 있고, 개별 키워드에 대해 설정할 수도 있다. 그리고 이 단계에서 검색 유저와 광고주의 광고를 연결하는 키워드를 설정할 수 있다. 어떤 키워드를 설정해야 하는지는 part 6에서 자세하게 다루도록 하겠다.

광고 그룹 설정

캠페인 만들기의 마지막 단계에서는 아래 화면처럼 구글 검색 사용자가 광고를 클릭하면 연결되는 URL인 최종 도착 URL, 제품과 서비스에 대해 사용자들의 클릭과 전환을 일으키는 카피와 정해진 글자수에 맞춘 광고 설명을 넣어서 광고를 만들 수 있다.

또한 구글 애드워즈는 자신이 작성한 광고가 모바일과 데스크톱에서 유저에게 어떻게 노출되는지 확인할 수 있는 미리보기 기능이 있다. 따라서 데스크톱과 모바일로 캠페인을 운영하기 전에 자신의 광고 카피를 미리 검토해볼 수 있는 장점이 있다. 광고 카피 작성법, 광고 만들 때 주의 사항 등 세부 전략에 대한 내용은 Part 5에서 더 자세하게 다룰 것이다.

광고 만들기

캠페인 만들기 완료

　　모든 캠페인 설정이 완료되면, 위와 같이 캠페인을 운영하고 캠페인의 데이터를 애드워즈 상황판에서 확인할 수 있다. 애드워즈라는 도구에 대한 완벽한 이해가 없이 비용을 구글에 지불하면서 캠페인을 운영하지 말기를 다시 한 번 강조한다.

구글 애드워즈
광고 시 주의 사항

캠페인 운영 시 꼭 알아야 할 것

"구글에서는 구글 법을 따르라"

구글의 규정 준수

구글 애드워즈 광고주로 활동하기 전에 주의해야 할 부분을 살펴보자. 이 부분을 놓치면 만든 캠페인 광고의 비승인, 더 나아가 애드워즈 계정 정지로 이어질 수 있다. 로마에서는 로마법을 따르라는 말처럼 구글이라는 국가에서 경제 활동을 하기 위해서 마케터, 광고주는 그들의 법을 지키려는 노력과 성의를 보여야 한다. 기본적으로 규정을 잘 지키면서 마케팅 활동을 해야 구글과 광고주가 윈윈하는 관계를 형성할 수 있다.

디지털 도구를 처음 다루는 경우 종종 이 부분을 간과하는데, 자칫 하면 자신도 이유를 모르고 계정이 정지당할 수 있다. 만약 홍보가 진행 중인데 계정이 정지되면, 개인의 수익 파이프가 영구적으로 잠기고 만다. 디지털 노마드로 안정된 경제생활을 꿈꾸는 마케터, 광고주라면 그들이 말하는 법을 알고 따라야 한다. '법' 중에서 제휴 마케팅을 애드워즈에 접목할 때 자주 발생하는 광고 비승인 사유에 대해서 알아보자.

광고 비승인 사유

① 도착 페이지 불일치

광고의 표시 URL과 유저가 실제 도착하는 랜딩 페이지의 URL이 다른 도메인을 가지고 있을 때 광고 비승인이 발생한다. 제휴 머천트를 대상으로 캠페인을 만들기 전 입력한 URL과 랜딩 페이지의 URL이 같은지 항상 확인하자.

도착 페이지 불일치 발생 원인 및 해결 방법

도착 페이지 불일치 발생 사례

   이 밖에도 제휴 사이트의 광고주 요청으로 인한 머천트 소문 종료, 광고주가 마케팅 비용으로 충전한 금액 소진 시 애드워즈 광고 비승인이 발생할 수 있다. 위의 화면은 제휴 사이트 텐핑의 사례로, 앞서 설명한 것처럼 특정 머천트의 소문이 종료되었을 때 랜딩 페이지의 URL이 바뀌는 경우이다.

   제휴 마케터는 머천트의 소문 종료 알림 메시지를 실시간 확인하여 광고 비승인을 예방하거나, 제휴 사이트 시장의 대행 구조를 이해하고 특정 제휴 사이트에서만 독점으로 제휴하고 있는 사이트를 선택하는 것이 좋다. 제휴 사이트가 특정 머천트를 독점으로 제휴하고 있을 때, 머천트가 강제로 종료될 확률은 매우 적다.

   도착 페이지 불일치의 경우는 구글 애드워즈 봇이 다음 화면의 시스템 우회 정책 위반으로 계정을 정지시킬 수도 있기에 항상 주의해야 한다. 구글 애드워즈 봇이 광고주의 광고를 검토하는 과정에서 머천트가 긴급 종료되어 도착 URL이 바뀌는 경우, 구글 애드워즈 봇은 계정의 의미 있는 검토를 어렵게 하는 것으로 인식하여 광고주의 계정을 정지시킨다.

   시스템 우회로 광고 계정이 정지당했을 때, 구글은 광고 시스템에 악영향을 끼치는 것으로 판단하여 광고주가 문의 메일을 보내도 구제하지 않고 더 이상 해당 계정으로 가입하거나 사용하는 것을 금지한다. 그러므로 캠페인을 만들 때는 도착 페이지 불일치 여부를 확인하는 것이 습관화되어야 한다.

시스템 우회

다음은 허용되지 않습니다.

⊗ Google의 광고 시스템 및 프로세스를 우회하거나 방해하려는 행위

　예: 클로킹, 동적 DNS를 사용하여 페이지 또는 광고 콘텐츠를 전환하는 행위, 광고, 사이트, 계정의 의미있는 검토가 어렵도록 너무 많은 방문 페이지의 액세스를 제한하거나 사이트 콘텐츠를 조작하는 행위

⊗ Google의 자동화된 시스템 확인을 우회하기 위해 광고문안을 조작하려는 행위

　예: 광고 비승인을 피하기 위해 금지된 단어 또는 구문을 잘못 입력하는 행위, 상표권의 사용과 관련된 제한 규정을 피하기 위해 광고문안에서 상표권 등록 용어를 조작하는 행위

시스템 우회 정책 위반

② 혼동을 야기하는 콘텐츠가 포함되었을 때

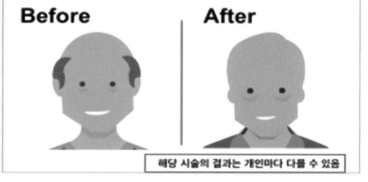

혼동을 야기하는 콘텐츠 예시 및 해결 방안(1)

구글 애드워즈는 전체적으로 구글 애드워즈 봇이 데이터를 수집하고 처리하는 광고 시스템이지만, 특정 카테고리는 사람이 관여하여 광고 소재와 광고주의 계정 등을 검수하고 검토한다. 앞의 화면에서 볼 수 있듯이 구글 애드워즈에서는 광고 소재와 도착 페이지 내 Before & After 등의 구체적인 성과와 함께 '개인마다 수술의 결과가 다를 수 있다.' 같은 면책 조항이 없을 시 광고주의 광고 콘텐츠를 혼동을 야기하는 콘텐츠로 분류하여 광고를 비승인 처리한다.

여기서 언급한 구체적인 성과란 Before & After 사진, 성적 향상 그래프, 구체적인 수치를 언급하는 사용자 후기 등이 해당된다. 구체적인 성과와 면책 조항이 같은 화면 내에서 확인되지 않거나 면책 조항의 가시성이 떨어지는 경우에도 구글 애드워즈는 해당 정책 위반으로 간주한다. 이 문제를 해결하려면 면책 조항을 구체적인 성과 주장과 같은 화면 내에 관련성 및 가시성이 높은 방식으로 기재해야 한다.

이 밖에도 100일 이내 10kg 감량, ○○학습지 사용 시 90점 달성처럼 시간 혹은 결과 중 한 요소가 명시되어 있거나 후기가 포함된 특정한 결과를 주장하는 경우에도 '특정한 결과를 보장할 수 없으며 결과는 다양할 수 있다.'는 내용의 면책 조항을 가시적으로 명시해야 한다는 사실을 잊지 말자.

③ 금융 서비스에 비즈니스 정보가 명시되지 않은 경우

제휴 사이트의 머천트를 홍보하는 경우, 보험, 개인 대출 등의 금융 서비스와 관련된 머천트를 선정했다면 다음 요소들이 빠지지는 않았는지 꼭 확인해야 한다.

보험, 재무 설계 같은 금융 서비스의 경우, 비즈니스 연락처, 서비스 관련 수수료, 제3자 인증/보증에 대한 증빙 서류, 링크가 포함된 소비자에게 올바른 비즈니스 정보를 제공하는 금융 서비스인지가 확인되어야 한다. 대출 상품을 광고하는 경우, 최단/최장 상환 기간, 1년 동안의 이자와 수수료 기타 비용을 포함한 최대 연이율, 해당 수수료가 모두 포함된 총 대출 비용이 명시되어야 한다. 그리고 구글 애드워즈는 상환 기간이 60일 이내인 단기 개인 대출을 허용하지 않는 점을 참고하길 바란다.

구글 광고 정책

④ 구글 광고 정책 중 기본적인 사항을 위반했을 경우

지금까지 살펴본 세 항목이 구글이 전 세계 공통으로, 그리고 대한민국(구글 코리아)에서 엄격하게 금지하고 검수하고 있는 카테고리들이다. 제휴 사이트의 머천트 중 성인 전용 머천트가 있다면 애드워즈로 홍보하지 마라. 물론 교묘한 방법으로 피해 갈 수도 있지만, 위의 카테고리는 구글 애드워즈 봇이 아닌 사람이 검수하고 있음을 참고하기 바란다.

또한 제휴 사이트를 이용하지 않더라도 구글, 광고주, 그리고 구글 유저 모두에게 피해를 주는 불법 광고를 하는 마케터가 되어서는 안 된다. 법에 어긋난 광고가 승인이 되더라도 이후 검수팀의 검수 작업에서 계정 정지를 받을 확률이 크기에 하지 않는 것이 좋다.

제휴 사이트의 머천트를 홍보하면서 받을 수 있는 대표적인 광고 비승인의 4가지 예시와 해결 방법에 대해서 다루어 보았다. 이 밖에도 광고 소재에 영어 대문자, 구두점 사용 등으로 광고가 게재되지 않는 등 여러 비승인 사유가 있다. 가장 중요한 것은 구글이라는 왕국이 싫어하는 행동을 반복하지 않는 것이다. 플랫폼에 대한 이해 없이, 그들의 법을 모르는 상태에서 캠페인을 운영하다 보면 계정이 정지되어도 이유를 모를 수 있다.

애드워즈 고객님께,

고객님의 계정에 비승인 상태의 광고나 키워드가 있는 것으로 확인되었습니다. 광고나 키워드를 Google 광고 정책과 일치하도록 적절히 수정하셔야 Goo
이번 조치가 잘못된 것이라면 최대한 빨리 광고가 다시 게재될 수 있도록 조치해 드리겠습니다. 도움이 필요하시면 Google 팀에 문의해 주시기 바랍니다.
고나 키워드를 자세히 살펴보고 수정이 가능한 경우 수정 방법을 확인하실 수 있습니다.

광고 비승인 안내 메일

이처럼 비승인 안내 메일을 받았을 경우, 안내 메일을 꼭 읽어보고 광고 정책의 어떤 부분을 놓쳤는지 확인해야 한다. 이를 무시하고 캠페인 만들기를 반복한다면, 구글 애드워즈는 계정의 비정상적인 행동으로 인식하여 당신의 계정을 정지시킬 것이다. 애드워즈뿐만 아니라 네이버, 페이스북 광고 시스템도 마찬가지로 비정상적인 행동을 반복하는 것을 싫어한다는 사실을 잊지 말자.

디지털 노마드로서 구글 애드워즈라는 도구를 사용하는 사람들은 구글 봇이 광고주의 광고를 승인해주더라도 구글의 검수 팀이 비승인 처리할 수 있다는 사실과 비승인되었을 때 반복적으로 그들의 법을 위반하면 구글에서 추방(계정 정지)될 수 있다는 사실을 기억해야 한다. 더 자세하게 구글의 광고 정책을 알려면 구글 광고 정책 링크를 참고하길 바란다.

구글 애드워즈를 하기 전에 고려해야 할 것

앞에서도 강조했듯이, 마케터는 구글이라는 기업과 원원하는 관계를 형성해야 한다. 책을 다 읽고, 구글의 유튜브 온라인 세미나 등 개인이 할 수 있는 공부를 한 이후에 구글 애드워즈를 시도해야 한다. 그렇지 않으면 자신이 목표로 하는 수익은 달성하지 못하고, 구글에 광고비를 기부하는 관계가 되기 때문이다.

여기에서는 구글과 원원하는 관계를 형성하기 위해서 마케터가 어떻게 구글 애드워즈 시스템을 보아야 할지 알아보도록 하겠다.

① 데이터를 100% 신뢰하지 말자

구글 애드워즈 광고 시스템은 빅데이터를 기반으로 유저의 행동을 예측하는 프로그래매틱 광고 시스템으로 알려져 있다. 유저가 구글 스폰서 광고를 클릭하거나, 특정 키워드를 검색했을 때 등 해당 유저의 이력과 유저의 관심사, 활동 시간 등을 종합적으로 분석·분류하여 구글의 데이터 창고에 쌓는다. 이렇게 쌓인 데이터는 애드워즈 광고주가 목표한 광고 실적을 도와준다.

이 내용은 대부분의 마케터가 이미 알고 있다. 하지만 그들이 제공하는 데이터를 100% 신뢰할 수 있을까? 아니다. 아무리 데이터가 신뢰성이 있다고 하더라도 소비자, 유저의 관심사 등을 정확히 타깃팅하여 광고 실적을 극대화하는 것은 무리이다. 결국 구매 전환, 클릭은 사람이 하는 것이기에 광고주는 구글의 데이터를 참고만 하고 그들의 행동, 활동 시간 등은 자신이 직접 유추해보는 것이 좋다. 따라서 데이터에 앞서 자신이 고객이라고 가정하고 애드워즈라는 디지털 도구를 활용하자.

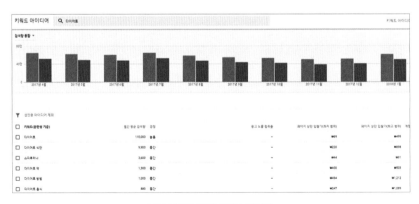

구글 키워드 플래너 제공 데이터

옆의 화면은 구글이 광고주에게 무료로 제공하는 구글 키워드 플래너라는 툴이다. 가령 다이어트라는 키워드를 입력했을 때, 다이어트와 관련된 키워드, 월 평균 검색량, 페이지 상단 입찰가 등의 데이터를 광고주에게 제공한다. 캠페인 운영 시 주의해야 할 점은 키워드 플래너에서 확인할 수 있는 데이터를 토대로 입찰가 등을 설정하면 안 된다는 것이다. 구글 키워드 플래너에서 제공하는 데이터는 구글 애드워즈를 활용하는 광고주, 유저의 전체 평균 데이터로 개인에게 동일하게 적용되지는 않는다.

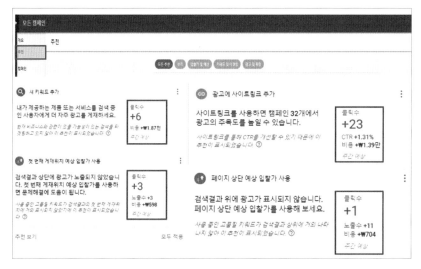

구글 애드워즈 추천 탭 및 목록

위 이미지는 구글 애드워즈 대시보드 좌측 상단에 위치한 추천 탭 화면이다. 추천 탭은 일정 기간 캠페인을 운영했을 때, 구글 봇이 계정의 실적 내역, 캠페인 설정 등의 요소를 분석하여 광고주에게 광고의 성과를 개선시킬 수 있는 제안을 해주는 섹션이다.

앞 화면의 빨간 박스에서 어떤 부분을 주의해서 보아야 할까? 초록색으로 표시된 클릭수, 노출수일까? 아니다. 광고 예산이 제한적인 1인이나 소규모로 움직이는 팀은 빨간 박스 안의 비용이 상승한다는 사실에 초점을 두어야 한다. 구글은 이윤을 추구하는 기업이라는 점을 잊어서는 안 된다.

왜 클릭과 노출수 상승 부분을 초록색으로 표시했을까? 광고주가 지출할 비용보다는 얻을 수 있는 성과를 강조하려는 의도가 있는 것이다.

애드워즈 시스템에서 광고주에게 실적 향상 요소를 추천해주는 일을 신뢰할 수 있을까? 비용을 늘리면 노출과 클릭이 많아지는 건 당연하다. 애드워즈를 잘 활용하기 위해서는 시스템에서 추천하는 권장 사항을 참고하고 개인의 경험적 데이터를 따로 기록해두는 것이 좋다. 구글에서 제공하는 데이터보다 내가 어떻게 애드워즈라는 도구로 광고를 할 것인지, 애드워즈로 얻을 수 있는 자기만의 목표와 전략이 무엇인지를 고민해야 한다.

구글의 데이터는 자신의 경험을 통해 얻은 것이 아니다. 애드워즈라는 도구를 자신만의 관점 없이 접근한다면, 데이터와 주변 정보에 휩쓸려 원하는 성과를 얻지 못할 것이다.

아래 화면은 데이터를 기반으로 광고주에게 기존 입찰가를 변경했을 때, 광고의 실적이 어떻게 달라질지를 보여주는 캠페인 입찰가 시뮬레이터이다. 캠페인을 일정 기간 운영했을 때 확인할 수 있는 내용이다. 여기서도 광고주, 마케터는 입찰가 시뮬레이터라는 기능에서 보여주는 데이터를 참고만 하고 과신해서는 안 된다. 기존에 세웠던 전략과 보유한 예산 범위를 벗어나는 행동은 하지 말자.

구글 애드워즈 캠페인 입찰가 시뮬레이터

② 여러 디지털 도구와 연계를 생각하라

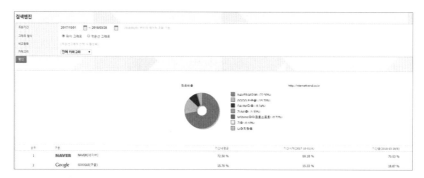

검색 엔진 점유율(출처: Internet Trend)

위의 2017년 10월부터 2018년 3월까지의 검색 엔진 점유율에서도 확인할 수 있듯이, 국내 시장은 네이버가 검색 엔진 점유율의 대다수를 차지하고 있고, 그 뒤로 구글, 다음 등이 자리하고 있다. 위의 데이터가 100% 정확하지는 않지만, 영어권 국가와 달리 대한민국에서는 네이버 유저가 많다는 것을 인지하고, 애드워즈라는 도구를 다루어야 한다.

디지털 노마드의 라이프스타일을 꿈꾸는 사람이라면 어떻게 플랫폼 간, 도구 간에 연계를 할 수 있을지, 이에 따라 원하는 것 이상의 성과를 달성할 수 있을지에 대해서 끊임없이 파고들어야 한다. 즉 대한민국에서 구글 애드워즈라는 도구를 사용한다고, 꼭 구글 검색 엔진에서만 제품과 서비스에 노출된다고 생각해서는 안 된다. 페이스북에서만, 네이버에서만 효과적일 것이라는 고정된 사고보다 구글, 네이버, 다음 카카오 등 여러 디지털 도구와 연계할 수 있다는 유연한 사고를 가지자.

③ 애드워즈 접근법을 충분히 공부하라

구글 코리아 마케팅 솔루션 팀은 제휴 사이트를 알고 있으며 구글 규정에 위반되는 광고가 있는지 모니터링하고 있다. 현재 제휴 마케팅을 통해 일정한 수익을 내고 있다면 알겠지만, 제휴 마케팅을 처음 접하는 사람들은 이 사실을 간과해서 구글 마케팅 솔루션 팀의 해당 링크 차단으로 작게는 광고 비승인, 크게는 계정 정지의 위험에 노출될 수 있다.

채시라교육법'아이스크림 홈런' | 홈런교육 10일 무료 체험권 신청
[Ad] www.tenping.kr/ ▼
'아이스크림 홈런' 10일 무료 체험권 신청하세요. 맞춤 학습 스케줄링을 제공합니다.

40만 초등 학부모 선택하고 경험 | 초등 학습에는 아이스크림 홈런
[Ad] www.dbdbdeep.com/ ▼
초등 콘텐츠 노하우 담긴 학습 프로세스, 1:1 선생님 밀착 관리까지 무료 상담 가능

제휴 사이트 제공 링크로 캠페인을 등록한 사례

위의 사례처럼 제휴 사이트의 아이스크림 홈런이라는 머천트를 텐핑, 디비디비딥에서 제공하는 링크를 그대로 사용한다고 가정해보자. 이 경우 해당 링크를 사용하는 타 마케터와의 링크 중복, 구글 코리아 마케팅 솔루션 팀의 해당 링크 차단 등의 불안한 요소가 있다. 따라서 자신의 웹 사이트, 블로그로 우회하는 접근법이 제공하는 링크를 바로 등록하는 것보다 안전하다.

따라서 애드워즈의 접근법(Youtube 세미나, 인증 시험 등)에 대한 충분한 공부가 된 상태에서 애드워즈를 활용하기 바란다. 구글과 광고주, 마케터는 서로가 서로를 이용하는 비즈니스 관계라는 사실을 잊지 말아야 한다.

PART 4

구글 애드워즈로 접목하는
제휴 마케팅

제휴 마케팅 구조의 이해

제휴 마케팅 시장 파헤치기

구글 애드워즈로 수익을 내기 위해서는 자신의 상품이나 서비스를 알리는 방법도 있지만, 다른 사람의 상품이나 서비스를 홍보해주고 수수료(커미션)를 받는 수익 모델도 있다. 이것을 '제휴 마케팅'이라고 부른다. 제휴 마케팅은 외국에서는 오래전부터 있었고, 국내에 정착된 지는 20년쯤 되었다. 오래된 모델이지만 아직까지 많은 사람에게 생소한 분야이다.

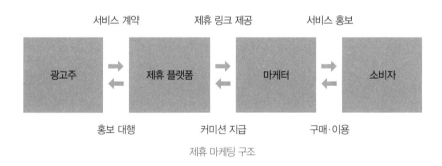

제휴 마케팅 구조

모든 사업자는 자신의 상품이나 서비스를 많이 알려서 많이 판매하고 싶다. 위의 그림에서 보듯 이들은 '광고주'에 해당하는데, 광고주는 제휴 플랫폼 웹 사이트에 자신의 상품이나 서비스를 계약하고 상품을 올린다. 그러면

이곳에 가입된 마케터들이 각자 본인만의 고유 링크를 부여받고 소비자에게 제품이나 서비스를 홍보한다. 이렇게 해서 발생된 매출이나 서비스 접수에 해당하는 수수료를 마케터에게 지급하는 것이 제휴 마케팅의 구조이다.

예를 들어 한 마케터가 있다고 가정해보자. 그는 '마켓클럽'에 회원 가입을 한 후에 원하는 머천트를 고른다. 마켓클럽은 자격증에 특화되어 있는 제휴 마케팅 플랫폼이다.

머천트 선정

위와 같이 회원 가입을 한 후에 '머천트'를 선정할 수 있다. 이 가운데 '커피 지도사'라는 머천트를 선택하면 상세한 정보를 확인할 수 있다. 이 페이지에는 홍보할 수 있는 고유 링크 주소와 유의 사항 등이 나와 있다.

머천트 상세 정보

이 링크들은 본인이 홍보를 할 때 반드시 필요하기 때문에 복사를 해서 써야 된다.

이 밖에 제휴 마케팅 사이트 몇 가지를 더 살펴보자. 다음에 살펴볼 곳은 CPAAD(http://cpaad.co.kr/)다.

CPAAD 메인 페이지

CPAAD는 다양한 광고주(머천트)를 보유하고 있다. 특히 웨딩 박람회, 허니문 투어 등의 머천트가 많은 것이 특징이다. 참여형 머천트가 많은 것도 여기의 장점이다. 다음에 살펴볼 곳은 애드픽(http://adpick.co.kr)이다.

애드픽 메인 페이지

애드픽 사이트에는 '게임앱'이 많다. 게임처럼 등급이 올라가고 팸도 있어서 사용자 간의 커뮤니티가 잘 조성되어 있다.

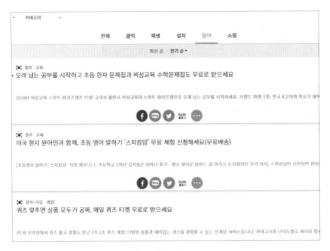

텐핑 메인 페이지

텐핑은 모바일에 특화되어 있는 곳이다. 클릭형 광고가 많은 장점이 있고, 참여형 광고 중에서 교육형 상품이 많다.

머천트 선정에 앞서서 해야 할 것

여기서 말하는 머천트란 제휴 마케팅 사이트의 콘텐츠이자 광고를 말한다. 머천트를 자신이 고르고 싶은 상품으로 고르는 경우도 많다. 물론 처음 입문하는 사람들에게 나쁘지는 않지만, 구글 애드워즈에 광고를 진행할 예정이므로 '구글 검색'에 되도록 먹힐 만할 머천트를 고르는 것이 좋다. 한국은 대부분 검색 엔진을 네이버로 쓰지만, 구글 검색으로 잘 연결되는 머천트들도 있다. 바로 '고관여' 상품 종류이다.

고관여와 저관여 의사 결정과 습관

구분	고관여	저관여
의사 결정	복잡한 의사 결정	제한된 의사 결정
구매 습관	상표에 대한 충성심	관성

고관여와 저관여 관점 구분

구분	고관여 관점	저관여 관점
정보 탐색	제품 및 상표 정보 탐색에 능동적	제품 및 상표 정보 탐색에 제한적
정보 처리	철저한 정보 처리 과정 수행	일부 과정 생략
인지적 반응	불일치 정보에 대한 저항 반대 주장이 많음	불일치 정보도 수용 제한적으로 반대 주장을 가짐
태도 변화	태도 변화가 어려움 일단 변하면 지속적인 태도 형성	빈번한 태도 변화 일시적인 태도 형성
메시지 반복	메시지의 수보다 내용이 중요	빈번한 반복에 의한 설득 가능
인지 부조화	빈번하며 이를 극복하기 위해 노력	미미한 수준의 인지 부조화

'고관여'에 대한 이해를 높여보자. 쉽게 비교해서 설명하면 고관여 제품이란 비싸고 오래 사용하며 꼼꼼하게 따져서 구입하는 제품을 말한다. 종류로는 집이나 자동차, 스마트폰, 보험 등이 있다. 반대로 저관여 제품은 가격

이 저렴하며 손쉽게 사용하는 소비재 제품인 경우가 많다. 예를 들면 맥주, 휴지, 치약 등이다.

고관여 제품이 단순히 비싸고, 저관여 제품은 싸다는 것은 아니다. 고관여란 소비자가 따져보는 내용이 많다는 뜻으로 이해하면 된다. 소비자들은 이 제품이 정말 좋은 제품인지 좀 더 명확한 비교를 원하기도 한다. 그런데 네이버는 광고로 도배되어 있기 때문에 똑똑한 소비자들일수록 요즘은 구글 검색을 많이 이용한다.

구글 검색에 잡히는 광고는 구글 애드워즈에서 소비자들에게 노출되기 때문에 마케터라면 이러한 고관여 상품과 저관여 상품을 이해한 후에 구글 검색에 잘 잡히는 제품을 머천트로 선정하자. 이렇게 하면 경쟁이 치열한 네이버 키워드 광고보다 경쟁 우위를 점할 수 있으며, 광고 단가도 훨씬 저렴한 장점이 있다.

대표적으로 추천하는 머천트는 보험, 이사, 다이어트, 자격증, 교육 상품 등이다. 이 카테고리의 상품들은 제휴 마케팅 사이트에서도 쉽게 찾아볼 수 있기 때문에 이러한 머천트를 우선적으로 골라서 테스트해보는 것도 디지털 마케팅을 공부하는 데 큰 도움이 된다.

그 밖에 머천트를 고를 때 주의 사항이 있다. 제휴 마케팅을 하면서는 자신이 이 상품의 CEO라고 생각해야 하며, 그 상품을 잘 이해하고 있어야 한다. 자기도 모르는 상품을 판매하기란 어렵기 때문에 우선은 기본으로 제공되는 랜딩 페이지로 공부해보자.

보험 랜딩 페이지

위 이미지는 태아 보험 랜딩 페이지인데, 가장 먼저 '첫 화면'을 확인해야 한다. 유저들은 랜딩 페이지에 접속한 후에 빠르면 3초 이내, 늦어도 10초 이내에 이탈한다. 상당히 짧은 시간에 이탈한다는 뜻이다. 그렇기 때문에 첫 화면과 랜딩 페이지 구성이 고객의 눈길을 얼마만큼 사로잡는지가 중요하다.

아무리 좋은 아이템이어도 랜딩 페이지가 너무 엉망이면 그 머천트는 고르지 않는 것이 좋다. 그다음에 확인해야 할 화면은 바로 '모바일' 랜딩 페이지이다. 보통 마케터는 PC 화면 웹브라우저로 머천트를 확인한다. 모바일 랜딩 페이지까지 꼼꼼히 체크해야 하는데 귀찮아서 '알아서 잘 만들었겠지.'라고 생각하는 경우가 많다. 주변 마케터들을 보면 생각보다 많은 수가 '모바일 랜딩 페이지 확인' 작업을 하지 않는다. 그렇다면 이것이 중요할까?

고객들은 대부분 모바일 화면 랜딩 페이지로 유입된다. 스마트폰이 대중화되었고 PC보다 모바일 온리(mobile only) 시대가 되었음에도 마케터가 꼼꼼하게 체크하지 않으면, 모바일 랜딩 페이지에서 잘못된 부분이나 문제가 있을 때 대처하지 못해서 고객이 이탈할 수 있다.

그렇기 때문에 첫 화면인 랜딩 페이지는 PC와 모바일 화면 2가지 버전을 모두 확인해야 한다. 그다음에 해야 할 일은 무엇일까?

보험 랜딩 페이지 이벤트 부분

나는 그다음으로 이벤트 부분을 확인한다. 마케팅을 할 때 크리에이티브를 잘 작성해야 되는데 크리에이티브에서 이벤트를 해당 광고주가 제공해주고 있다면 금상첨화다. 이는 카피라이팅하는 데 무척 유용하다.

그다음에는 무엇을 확인하면 좋을까? 여기서 말하는 순서가 정답은 아니지만 참고하면 도움이 될 것이다. 그다음에 반드시 살펴봐야 할 것은 바로 광고주가 제공하는 랜딩 페이지의 정보이다.

태아 보험가입의 시기는?

태아보험은 일찍 가입할수록 좋습니다.
임신중 각종 검사결과, 임신중 치료력등은 태아보험가입거절 사유가 될 수 있습니다.
검사 전, 치료전에 미리미리 준비하세요.
(태아보험료는 정해진 횟수만큼 납부하면 되기 때문에 일찍 가입해도 늦게 가입해도 총 납부액은 동일합니다

우리아이 태아보험을 100세 보장으로 하고싶은데 보험료가 부담..

보험료가 부담이 된다면 실비만 100세로 설정하세요. 실비만 100세로 설정하면 보험료와 부담없이 우리아이
100세까지 보장받을 수 있습니다.

적절한 태아보험료는?

태아보험료는 보장내용, 보장기간, 보험료납부기간에 따라 다르지만 통상적으로 20~30세 보장은 5~6만원c

보험 랜딩 페이지 정보 부분

어떤 제품이나 서비스의 랜딩 페이지에는 반드시 상세 정보가 들어 있기 마련이다. 그런데 상당히 많은 마케터가 이를 간과하고 바로 광고를 집행한다. 이렇게 공부가 되지 않은 상태에서 집행하는 광고는 고객들이 금세 알아채기 때문에 잘될 수가 없다. 광고주가 제공하는 랜딩 페이지를 통해 1차 공부를 하고, 추가로 검색해서 기본적으로 자신이 홍보하려는 제품이나 서비스가 어떤지를 알아야 한다.

물론 핵심만 알고서도 마케팅을 하는 데는 전혀 지장이 없다. 그러나 상세하게 공부한 후 광고를 집행하는 마케터가 작은 디테일의 차이로 큰 성과

를 낼 수 있고, 해당 산업에 대한 이해도가 높으면 여러 모로 유용하다. 그 밖에 머천트를 선정하기에 앞서 확인해야 할 부분들은 없을까? 몇 가지 사항을 정리해보자.

① 유효 승인률

이것은 해당 머천트가 유효 처리가 몇 %나 되는지를 알려주는 지표이므로, 유효 승인률이 낮다면 광고 집행을 고민해야 한다.

② 커미션 단가

해당하는 머천트의 커미션도 마케터에게 중요한 이슈이다. 왜냐하면 광고비 대비 적자가 나면 광고를 집행할 이유가 없기 때문이다. 자신의 제품도 아니기 때문에 브랜드 도달률을 높여줘도 자신에게는 전혀 득이 되지 않는다. 그러므로 커미션이 높은 편인지 체크해야 한다.

③ 홍보 시 유의 사항

※ 홍보시 유의사항 ※
'가입하면 사은품준다' '사은품을 이중으로 준다' '사은품을 무조건 준다' 등
해당 보험상품의 특징설명보다는 사은품에만 집중한 홍보를 자제 부탁드리겠습니다.

머천트 홍보 시 유의 사항 부분

해당 머천트의 광고주가 요청하거나 제휴 사이트에서 홍보 시 하면 안 되는 사항들을 명시해놓는 경우가 많다. 이 부분을 제대로 살펴보지 않고 광고를 했다가 광고주에게 피해가 생긴다면 그 책임은 마케터가 져야 한다. 심한 경우 벌금에서 끝나지 않을 수 있기 때문에 사소한 부분까지도 꼼꼼히 체크하길 바란다.

④ 신청 DB 비유효 기준

제휴 사이트에서 특정 광고주들은 이 부분을 명시해놓기 때문에 반드시 읽어봐야 한다. 아래는 한 광고주의 예시이다.

- 같은 IP에서 여러 번 중복 신청, DB 및 중복 참여 DB는 인정하지 않음.
- 20세 미만의 신청자나 무직인 경우 DB를 인정하지 않음.
- 통화 거부, 착신 정지, 3일 이상 전화를 안 받는 자, 장난 기입 등은 DB를 인정하지 않음.
- 불법 광고 및 리워드성 광고 DB는 인정하지 않음.
- 상담 의사가 없거나 허위나 장난으로 신청한 경우 인정하지 않음.
- 본인 DB가 아니거나 본인 상담이 아닌 경우 인정하지 않음.
- 이벤트만을 원하는 고객의 상담 신청은 인정하지 않음.
- 이미 가입한 고객이 문의만 하는 경우 인정하지 않음.

이 밖에도 해당 머천트가 구글 애드워즈나 페이스북 광고 등을 집행하지 못하게 하는 경우가 있는데, 이때도 머천트 페이지나 제휴 사이트 공지 사항에 간혹 써놓기 때문에 확인해야 한다. 보통 이런 경우는 광고주의 요청 사항으로 진행되기 때문에 광고주가 원치 않는 행위는 무효 처리가 되어서 수익금을 지급받지 못할 수도 있다.

방향 설정 및
단계별 공략하기

큰 그림 그리기

디지털 노마드로 살기 위해서든, 구글 애드워즈를 통한 수익화에 성공하기 위해서든 먼저 해야 할 중요한 일이 있다. 바로 이미 이 길을 걷고 있는 사람들의 발자취를 찾아보는 것이다. 그들의 소중한 시간으로 완성된 시행착오와 경험 이야기는 이 길을 걷고자 하는 사람들에게 반드시 도움이 된다.

보통 이 경험자들을 멘토라고 하는데, 멘토라는 말을 사전에서 찾아보면 다음과 같이 나온다. '현명하고 신뢰할 수 있는 상담 상대, 지도자, 스승, 선생의 의미로 쓰이는 말.' 이것을 바꿔 말하면 내가 임의로 누군가를 멘토로 정하고 그의 장점을 배울 수 있다. 그렇다면 구체적으로 어떻게 하면 될까?

국내 최대 디지털 노마드 커뮤니티(http://cafe.naver.com/bujacafe1)에 방문해서, '운영자 칼럼'을 시작으로 '노마드 칼럼'이나 '디지털 노마드 개론' 등의 카테고리를 살펴보자. 이곳에 올라오는 글들을 읽는 데는 5분이 채 걸리지 않을 수 있지만, 쓰는 데는 짧으면 1시간, 길게는 며칠씩 걸렸다.

이러한 앞서간 선배들의 사고방식과 관점, 지식을 무료로 짧은 시간에 배우자. 웬만한 책이나 사람과의 만남보다 값질 수 있다. 이 선배들은 '멘토'나 '스승' 같은 존재가 될 수 있으며, 기회가 된다면 직접 만나서 얘기를 나

뉘보는 것도 좋다. 그렇게 해서 하나라도 배우려는 자세는 자신을 성장시킬 것이다. 이제 단계별로 성장할 수 있는 디지털 노마드 커뮤니티 활용법에 대해서 알아보자.

디지털 노마드 커뮤니티

디지털 노마드 커뮤니티의 첫 화면의 모습이다. 가장 눈에 띄는 것은 4단 계 스텝이다.

1단계 : 100일 목표 쓰기, 디지털 노마드 개론, 디지털 노마드 Talk

100일 목표 쓰기는 자신의 꿈을 종이에 적는 순간 목표가 되는데, 이를 잊 어버리지 않기 위해 종이에 쓴 후에 카페에 글을 올린다. 이렇게 하면 많은 사람이 응원을 해주거나 보기 때문에 어떻게 해서든 달성하려고 노력하게 된다. 다음 표는 디지털 노마드 개론 게시판이다.

54696	[디지털노마드개론]3년 안에 99% 백만장자 되는 방법 🌑 [73]	김하론 ▣	2018.01.19.	1,389	32
	↳[디지털노마드개론]3년 안에 99% 백만장자 되는 방법	체리 ▣	2018.01.23.	162	0
53499	[디지털노마드개론] 왜 노력해도 안되는걸까? 🌑 [113]	파크 ▣	2018.01.09.	1,491	85
51944	[디지털노마드개론] 만다라트 기법을 활용한 목표달성기술 🌑 [187]	파크 ▣	2017.12.25.	1,189	50
50781	[디지털노마드 개론] 반드시 목표를 달성하는 방법 🌑 [67]	터닝포인트 ▣	2017.12.13.	632	28
50503	[디지털노마드개론]누구보다 빨리 성장하는 비법 🌑 [108]	김하론 ▣	2017.12.11.	890	28
49869	[디지털노마드개론] 새롭게 시작하는 사람이 처음해야하는일 🌑 [145]	파크 ▣	2017.12.05.	1,211	64
49344	[디지털노마드개론] 자신이 좋아하는 것을 찾는 방법 🌑 [26]	파크 ▣	2017.11.30.	840	20
47996	[디지털노마드개론] 1.좋아하는것 vs 잘하는것 🌑 [102]	파크 ▣	2017.11.13.	1,432	69
47821	디지털노마드 개론 게시판이 만들어졌습니다. 🌑 [62]	파크 ▣	2017.11.11.	638	38

디지털 노마드 개론 게시판

이 게시판에서는 기본 소양을 배울 수 있다. 목표 설정 방법과 노력을 어떻게 해야 하는지 같은 습관 관련 팁을 다룬다. 습관은 사람의 하루를 좌우하고, 하루가 모여 일주일, 한 달, 일 년이 되면서 인생이 바뀌기 때문에 무척 중요하다.

2단계 : 노마드 선배 칼럼, 디노 추천 도서 읽기, 마케팅 공부

2단계는 1단계를 마치고 하는 것이 아니라 병행해도 된다. 2단계에서는 노마드 선배 칼럼과 실제로 디지털 노마드로 살고 있는 커뮤니티 회원들의 도서 리뷰를 볼 수 있다. 선배들에게 어떤 책이 도움이 되고 있는지 살펴보자. 리뷰를 보면서 자신에게 도움이 될 책을 파악하거나 요약본만으로도 책한 권을 읽는 효과를 누릴 수 있다.

책 제목	그로스패킹		
출판사	길벗	작가	고영혁
출판일	2015.4.13	구입일(구입처)	2015.7.3
성명	장재순	닉네임	식객
독서기간	2015.7.4 ~ 2015. 8.8 / 2018.3.31 ~ 2018.4.1		
읽으며 중요한 내용 메모 (필사)	마케팅을 하려는 대상이 자동차, 영화, 작은 레스토랑 무엇이든 간에 이 접근법을 실행에 옮기도록 해라. 더 이상 추측으로 끝날 뿐인 게임에 의존해서는 안 된다. 자신의 제품을 대변하기 위해 회사 외부의 사람에게 꼭 돈을 내야 할 필요는 없다. 매체와의 친밀한 관계를 돈을 내고 살 필요도 없다. 그대신 반복적인 개선과 성공 사례에 대한 추적과 사람들을 자신의 판매 끝때기로 끌어올 수 있는 가 능한 모든 것을 실행에 옮김으로서 사업을 성장시킬 수 있다. 그리고 나서 고객과 그들의 필요에 맞추어서 제품을 최적화하는 것은 결국 자신에게 달려 있다는 것을 이해하게 된다. 우리는 쉴 새 없이 변할 수 있다. 추가 광고를 집행하는 대신 제품을 개선하는 데에 예산을 쓸 수 있다.		
내용요약	그로스 해킹의 핵심은 수요를 창출하는 것, 즉 고객을 확보하는 것이다. 그것을 단계별로 요약해 보자면 1. 제품 시장 궁합(PMF, Product Market Fit) 2. 성장과 관심 3. 구전성 4. 최적화와 유지 이 과정들을 피드백하며 사업을 계속 개선시키는 것… 그로스 해킹의 힘은 바로 여기에 있다.		
가장기억에 남는 문구	좋은 아이디어로는 충분하지 않다. 사실 당신의 고객은 '확보되어야만'하는 것이다. 융단폭격과 같은 방식은 이것에 적합하지 않다. 딱 맞는 사람들이 모여 있는 딱 맞는 장소를 조준 사격해야만 한다.		

도서 리뷰 게시판

그다음에 꼭 공부해야 할 곳은 바로 '마케팅 공부' 게시판이다. 구글 애드워즈든, 페이스북이든 큰 그림을 그리기 위해서는 마케팅 공부를 해야 한다. 이 게시판에는 상당히 많은 양의 글이 있는데, 현재 트렌드와 이슈가 되는 마케팅 기법들을 알 수 있다. 글 제목만 보고 글 내용을 완벽히 이해할 수 있는 수준이 아니라면, 이곳의 글들을 통해서 마케팅 공부를 해보기 바란다.

60900	'요일 할인'의 비밀 🔲 [9]
60663	구글 애널리틱스가 사라진다 🔲 [3]
60313	마이크로 콘텐츠, 이해하고 사용하기 🔲 [8]
60222	1달 사용해 본 후 느낀 스팀잇의 문제점 5가지 🔲 [6]
60221	온라인 매출 비중을 높이자고? 🔲 [2]
60220	데이터 기반 '고객 여정 지도' 만들기 🔲 [1]
60041	영화관 팝콘의 비밀 🔲 [4]
59999	데이터드리븐 마케팅의 정의와 4가지 유형 🔲 [1]
59787	50만 원이 넘는 제품을 온라인에서 파는 법 🔲 [14]
59786	자기 글 스스로 교정하는 방법 🔲 [5]
59784	라이프스타일 제안이 뭔데? 🔲 [2]
59783	문서 디지털화에 좋은 앱 4가지 🔲 [1]
59461	스타트업 이메일 마케팅 노하우 5가지 🔲 [4]
59292	개의 시선으로 담은 구글 재팬의 '개 스트리트 뷰' 🔲 [2]
59203	가장 빨리 부자가 되는 법 🔲 [12]

마케팅 공부 게시판

3단계 : 강의 로드맵, 강의 후기

강의 로드맵 게시판

강의 로드맵 글을 통해서 현재 자신의 상황에서 필요한 강의는 무엇인지 확인하고, 온라인으로 바로 수강 신청을 할 수 있다. 강의 후기 게시판은 내가 듣고자 하는 강의를 먼저 수강한 사람들이 글을 남기는 곳으로, 정말 도움이 되는 강의인지 아닌지를 사전에 검증할 수 있다.

4단계 : 디지털 노마드 스쿨, 디노 경험담

디지털 노마드 스쿨 현장 사진

이곳은 위의 사진과 같이 디지털 노마드 스쿨(디노 스쿨) 정규 과정의 수강생들이 하루 동안 자신이 무엇을 했는지 '셀프 피드백'을 글로 남기는 공간이다. 이곳 게시판의 피드백 시스템을 통해 자신의 하루 일과를 점검해 볼 수 있다.

■ 오늘의 목표 ■

[일상업무]	[자기계발]
-	-
[가족관계]	[기타]
-	-

■ 자신의 강점원석 발견 ■

-

■ 고쳐야할 점(피드백) ■

-

■ 나 자신의 목표, 사명 ■

-

디지털 노마드 스쿨 게시판

오늘의 목표를 4가지로 나눈다. '일상 업무', '자기계발', '가족', '기타' 순이다. 일종의 To-Do-List(우선순위)를 적는 공간이다. 이것을 기록하는 사람과 하지 않는 사람은 차이가 나기 마련이다. 일상적인 업무는 어떤 순서로 처리할 것이며, 자기계발은 매일 하는지, 가족 관계도 등한시할 수 없기 때문에 의도적으로 시간을 내서 챙겨야 한다. 나머지는 기타 사항이다. 해당 셀프 피드백은『피터 드러커의 자기 경영 노트』를 바탕으로 작성한 것인데 독자들도 활용해보길 바란다.

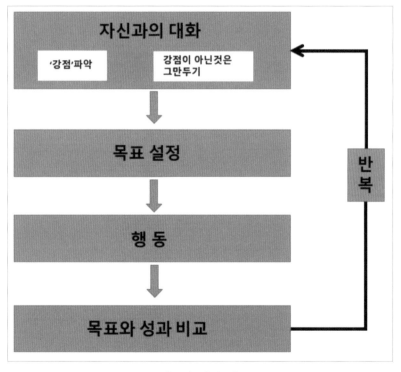

셀프 피드백 시스템

셀프 피드백 글을 자신의 다이어리나 카페에 적기 위해서는 '자신과의 대화'를 나눠야 한다. 이를 통해 목표를 설정하고 행동한 후에 거기시 나온 '성과'를 목표와 비교해본다. 이때 과연 성과가 어느 정도 이루어졌는지를 다시 한 번 '자신과의 대화'를 통해 확인한다.

여기서 성과가 나는 것은 '강점'이고, 나지 않는 것은 '강점이 아닌 것'이기 때문에 이런 일은 그만두는 것이 좋다. 그렇게 해서 시간과 에너지를 아끼고, 이를 성과가 나고 있는 '강점'에 투입하여 목표 달성을 좀 더 체계적으로 시도한다.

마지막으로 '디노 경험담' 게시판을 활용해보자. 이 게시판은 디지털 노마드로 살고 있는 선배의 경험을 담고 있는데, 현실적인 이야기가 많아서 커뮤니티 회원들의 공감대를 사고 있다. 특히 '디지털 노마드 라이프스타일'을 제안하고 있어 인기가 좋다.

최근 인기리에 방영했던 프로그램 「효리네 민박」에서는 제주도로 이사 간 이효리 씨의 일상이 공개되어 시청자들에게 부러움과 재미를 선사했다. 동경의 대상이 되는 존재가 사는 방식을 봄으로써 자신의 라이프스타일을 바꾸게 하는 원리가 담겨 있는데, 디노 경험담 코너도 바로 그런 역할을 하고 있다. 이 글을 읽고 있는 독자 중에서도 만약 공유하고 싶은 경험이 있다면 바로 글을 올려보자. 많은 사람이 반응을 할 것이다.

돈없고 스펙없던 휴학생이 어떻게 디지털노마드가 되었을까? ☺ [50]

악어농장 오너 태국친구 결혼식에 가다! ☺ [10]

내가 태국에서 지내는 이유 ☺ ⓟ [27]

지금 당장 태국에 와야하는 이유 ☺ [39]

태국 1등 코워킹스페이스이자, 내 사무실♥ ☺ [22]

태국 방콕에서 한달 살기(여행초보편) ☺ [47]

[디지털노마드 여행기]여행객vs현지인 ☺ [11]

[디지털노마드]태국에서 월 16만원으로 집구하기 ☺ [48]

[김하른의 디지털노마드] "여행이란?" ☺ [34]

[디노라이프근황]세상은 넓구나! ☺ [55]

디지털노마드의 공간 : co-working space ☺ [41]

[D.N+1]해외에서도 블로그 될까? ☺ [72]

디노 경험담

단계별로 제휴 사이트 머천트 공략 및 성장하기

제휴 사이트 머천트에는 종류가 무척 많다.

- CPC(클릭형) : 클릭당 수익을 얻는 모델

- CPA(참여형) : 전화 접수당 수익을 얻는 모델

- CPI(앱 설치형) : 앱이 설치될 때마다 수익을 얻는 모델

- CPS(판매형) : 물건이나 서비스가 판매될 때마다 수익을 얻는 모델

애드워즈를 할 때에는 주로 CPA나 CPS를 많이 진행한다. 참여형인 CPA가 압도적으로 많은데, 이는 아무래도 구글 애드워즈에 최적화되어 있기 때문이다. 그런데 참여형 상품을 공략하기에 앞서 꼭 익혀야 할 중요한 개념이 있다. 바로 USP이다.

USP(Unique Selling Proposition) : 독특한 판매 제안

USP는 쉽게 말해서 제품이 가지고 있는 강점이나 다른 제품과 차별화되는 점을 소비자에게 직접적으로 전달하는 일을 말한다.

클라우드 맥주 광고(출처: 클라우드 맥주 광고)

예를 들어 한국 맥주는 발효 원액에 물이랑 탄산을 섞어서 만들기 때문에 맛이 없다는 평이 있다. 그리하여 나온 USP 전략이 바로 클라우드 맥주의 '물이 들어가지 않은 맥주'라는 콘셉트다. 그런데 정확하게는 발효할 때 이

미 물을 넣어야 하고 후처리에서만 물을 타지 않을 뿐이라고 한다. 그럼에도 이러한 차이점을 부각해서 소비자들에게 새롭게 다가갈 수 있었다. USP 전략은 바로 이런 원리와 유사한데, 광고를 할 때 과거에는 고객들의 가치를 변화시키려 했다면 지금은 고객의 가치에서 USP를 도출해내서 경쟁력을 얻고자 한다.

이 개념을 이해한 후에 제휴 마케팅 머천트를 공략하는 방법을 한 번 연습해보자. 아래 광고 설명을 읽어보고 어떤 '차별화' 포인트를 도출해낼 수 있을지를 생각해보자.

랜딩 페이지 USP 추출 사례(출처: 디비디비딥)

제휴 사이트에 있는 다이어트 머천트의 랜딩 페이지이다. 이것에서 추출한 첫째 USP는 '맛있게 먹고, 즐겁게 빼자!'이다. 아무래도 다이어트를 하기 위해서는 식단 조절과 운동을 해야 한다는 데 부담감이 있는데, 이를 없애주는 점을 차별화 전략으로 삼았다. 다음 USP도 랜딩 페이지를 꼼꼼히 살펴서 찾아내보자.

머천트 공략을 위한 USP 추출법

① 랜딩 페이지를 접속한 후 차별화되는 포인트가 무엇인지 관찰한다.

② 고객이 누구인지를 조사한다. (ex. : 다이어트 머천트 → 20~30대 여성)

③ 해당 고객들이 무슨 고민을 하는지 네이버로 검색해본 후에 키워드 조회수를 찾아서 수치화시킨다. (ex. : http://surffing.net/에 접속하면 검색량을 알 수 있다.)

랜딩 페이지 USP 추출 사례

④ 고객이 많이 모여 있는 카페나 커뮤니티를 조사한 후에 그곳에 회원 가입을 하고 그들이 쓰는 언어 습관을 관찰한다. (ex. : 디시인사이드는 반말을 하는 문화가 있듯이 내가 찾는 고객들이 어떤 식으로 글을 쓰는지 찾는다.)

네이버 메인 페이지에서 '카페' 메뉴를 클릭한 후에 '주제별 카페' 메뉴를 클릭하면, 여러 가지 주제별로 카페들을 확인할 수 있다. 이곳에서 고객들이 많이 활동하는 활발한 카페를 찾아낸 후에 가입하면 된다. 이것이 바로 '고객 공부'인데 상당히 중요한 작업이다. 고객에 대한 이해도가 높으면 카피라이팅이나 고객의 문제에 좀 더 공감하기 때문에 '카피라이팅'을 할 때도 상당히 설득력 높은 문구를 작성할 수 있고, 이를 통해 '구매 전환률'을 극대화시킬 수 있다.

네이버 주제별 카페

이렇게 USP 추출이 끝나면, 카피를 쓰고 콘텐츠를 제작해야 한다. 콘텐츠 제작을 통해 해당 고객들에게 광고를 전달하고, 클릭을 통해 랜딩 페이지로 유입한 후 목표까지 전환시켜야 한다. 이러한 설계를 하기 위해서 알아야 하는 것이 바로 마케팅 깔때기, 마케팅 퍼널이다.

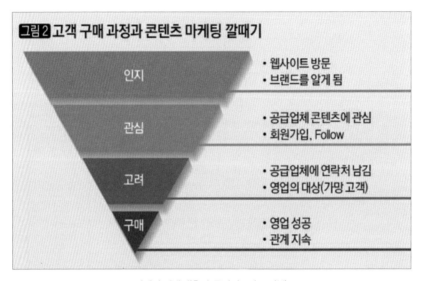

마케팅 깔때기(출처: 동아비즈니스 리뷰)

위 도표와 같이 첫째 어떻게 하면 고객들이 내가 만든 광고를 '인지'할 수 있을까 궁리해야 한다. 이것을 위해 눈에 띄는 콘텐츠, 클릭률을 높이는 제목 등이 필요하다. 그 후에 접수하기 전까지는 '랜딩 페이지 USP' 전략이 상당히 중요한 역할을 한다. 랜딩 페이지 구성이 형편없으면 고객은 바로 이탈하기 때문에 랜딩 페이지를 잘 꾸미는 것은 매우 중요하다. 구글 애드워즈는 고관여 제품을 구매하기 위해 검색하는 경우가 많으므로 비교하기 쉽고 신뢰할 수 있는 정보를 랜딩 페이지에 배치시켜야 원활한 접수로 이어질 것이다.

구글 애드워즈에서 검색 광고를 집행할 때는 크리에이티브 요소가 지극히 적다. 바로 글 제목과 설명 정도의 카피라이팅뿐이다. 그런데 이것도 디스플레이 광고나 동영상 광고까지 영역이 확장되면 '콘텐츠 제작' 능력이 관건이 된다.

배너의 경우에는 자신이 광고하는 제품과 경쟁자들이 어떻게 광고를 하는지를 살펴보는 것도 공부가 될 것이다. 동영상 광고는 난이도가 높기 때문에 자신이 영상 편집 능력이 부족할 경우, 다른 사람에게 맡기거나 스스로 배워서 도전해야 한다. 앞으로는 이쪽 영역이 커질 것이므로 미리 대비하는 것이 좋다.

PART5

구글 애드워즈
광고 운영 노하우

구글 애드워즈
광고 실전 기법

광고 카피 작성법

구글 유저, 즉 소비자에게 노출되는 카피를 어떻게 작성할지에 대해 알아보자. 카피라이팅은 '어떻게 하면 내 제품과 서비스의 매력을 소비자에게 효과적으로 보여줄 수 있을까?'라는 질문에서 시작된다.

최종 도착 URL	⑦
광고 제목 1	⑦
	0/30
광고 제목 2	⑦
	0/30
adwords.google.com / 경로 1 / 경로 2	
0/15	0/15
설명	⑦
	0/80

애드워즈 광고 입력 프레임

애드워즈 광고 입력 프레임에는 글자수가 정해져 있다. 애드워즈 광고주는 구글 유저들의 관점에서 제품과 서비스의 매력을 어필해야 한다. 마케터가 주의해야 할 점은 무엇인가?

① 제품과 서비스에 대해 자세히 알자

자신만의 제품과 서비스가 있다면 해당 제품과 서비스의 특징, 장점, 소비자의 구매 만족도 등을 자세히 알고 있을 것이다. 하지만 제휴 마케팅의 머천트를 홍보하는 사람들은 제품의 장점과 특징에 대한 이해가 광고주보다 부족할 수밖에 없다. 또한 제휴 사이트의 랜딩 페이지를 통해서 제품과 서비스의 USP를 찾아내는 것도 한계가 있다.

그렇다면 어떻게 접근해야 할까? 카피를 작성하기 전에 다음의 스텝을 밟아보기를 바란다. 그전에 네이버 비공개 카페를 개설하거나, 에버노트 등의 툴을 활용하여 마케팅 활동 과정을 기록할 수 있는 자신만의 온라인 공간을 확보하자.

자신만의 온라인 공간 개설

제휴 사이트 내 아이스크림 홈런 광고주를 예로 들어 광고 카피를 어떻게 작성할지 알아보자.

1단계

머천트를 선정한 다음, 광고주가 소비자에게 제공하는 프로모션이 무엇인지, 광고주가 제품을 이용하기를 원하는 타깃, 주의 사항이 무엇인지 확인한다.

머천트 선정 및 내용 확인

위 화면은 디비디비딥이라는 제휴 사이트에서 제공하는 내용이다. 머천트 선정을 하고, 시험 적중 예상 문제집 제공, 1:1 담임 선생님의 밀착 관리 등 애드워즈 광고 카피에 활용할 수 있는 정보들을 뽑아낸다. 그리고 광고 카피를 작성하기 전에 광고주가 마케터에게 강조한 주의 사항을 확인한다.

주요 포털 사이트에서 제휴 마케터가 아닌 광고주의 광고를 확인 및 기록한다.

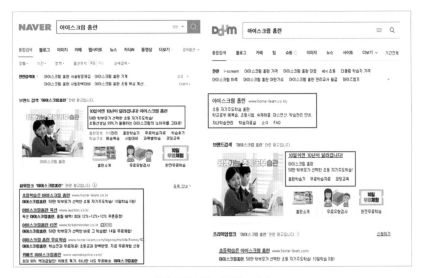

주요 포털 사이트의 광고 카피

광고 카피를 작성하는 데 어려움을 겪는 마케터라면 주요 포털 사이트에서 광고주가 어떻게 카피를 작성했는지 벤치마킹하는 것도 도움이 된다. 광고주 회사에도 담당 마케팅 부서가 존재하는데, 광고주가 왜 마케팅 비용을 쓰면서 주요 포털 사이트에 광고를 상위 노출하는지 생각해보라. 소비자의 구매 전환이 일어나기 때문에 비용을 지출하는 것이다. 그러므로 가용할 수 있는 예산의 규모가 정해져 있는 개인이나 소규모 팀은 그들의 아이디어를 벤치마킹하는 것이 좋다.

3단계

구글 검색 창에서 경쟁 마케터들은 어떻게 카피를 작성했는지 확인해
보라.

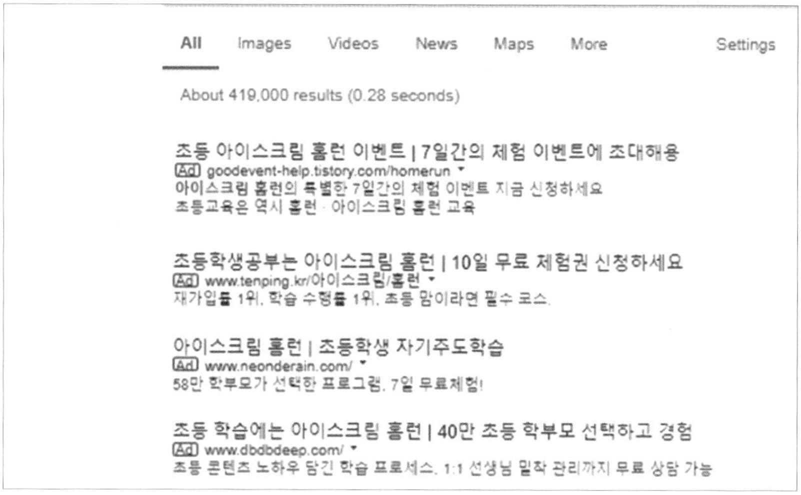

경쟁자의 광고 카피

위의 화면처럼 해당 머천트와 관련된 키워드를 검색해보고 경쟁자들이
어떻게 광고 카피를 작성하였는지 기록해야 한다.

2~3단계에서 수집된 광고 카피의 문구 순서를 바꾸어 보고, 수집된 자료를 보면서 더 좋을 것 같다고 생각하는 문구를 추가시켜서 여러 조합을 만들어보고 자신의 온라인 공간에 저장하라.

광고 조합의 예

위의 과정을 그대로 따라 해보라. 데이터로 쌓은 광고 카피를 선정하고 문구의 배치를 바꾸어보는 등 홍보할 머천트 하나에 여러 광고 카피 조합을 만들어보면 좋다. 이렇게 만든 광고 카피 조합이 5개가 있다고 가정할 경우, 캠페인 운영 기간을 두어 A카피 1주일, B카피 1주일 이런 식으로 광고 카피를 바꾸어 테스트를 진행해보자.

만든 광고 카피 조합 중 어떤 카피가 소비 전환을 불러일으키는지 살펴보자. 여러 머천트를 이와 같은 접근법으로 테스트하면서 소비자의 반응이 잘 일어난 카피를 따로 분류해야 한다. 데이터를 쌓으면 쌓을수록 시야가 넓어져서 교육, 건강 같은 더 큰 범주의 머천트에서 어떤 광고 카피가 효과적인지도 파악할 수 있게 된다.

② 고객의 관점에서 접근하자

구글 검색 엔진의 유저, 즉 타깃으로 선정한 고객들이 어떤 니즈를 가지고 있는지를 파악하고 있다면 광고 카피 작성뿐만 아니라 랜딩 페이지를 만들 때 도움이 된다.

예로 든 아이스크림 홈런의 프로모션에 관심이 있거나 구매 의사가 있는 고객은 초등학생 자녀를 둔 부모다. 고객을 이해하기 위해서는 그들이 활동하고 있는 커뮤니티를 방문해서 제품에 대한 인지도와 고객의 고민이 무엇인지 파악하는 것이 좋다.

다음 화면에서 보는 것처럼 고객이 활동하는 커뮤니티 중 하나인 네이버 카페에 아이스크림 홈런과 관련된 키워드를 검색했을 때 나오는 글을 축적해야 한다. 고객들의 대화 기록을 보면서, 홈런이라는 제품은 어떤 강점과 약점이 있는지, 경쟁사 제품과 비교했을 때 어떤 점이 좋은지를 파악하고 있어야 한다.

또한 일상생활에서 그들이 어떤 정보를 탐색하고 있는지 관찰하자. 출퇴근 시 대중교통을 이용할 때, 많은 사람이 스마트폰을 본다. 디지털 마케팅을 배우는 사람이라면, 그리고 디지털 도구를 다루는 데 미숙한 마케터라면 사람들과 똑같이 스마트폰을 볼 것이 아니라, 그들이 어떤 기사를 보고, 어떤 채널을 이용하고 있는지 관찰해 보는 것이 좋다.

정의한 타깃처럼 자신이 부모라면 자녀 교육에 대해 관심을 가지는 고객의 언어와 니즈를 파악하는 데 유리할 것이다. 그러나 그렇지 않다면 검색과 관찰을 통해 많은 고객을 간접 경험해보는 것이 중요하다.

추가적으로 애드워즈뿐만 아니라 여러 디지털 도구를 다루는 데 도움이 될 만한 책 3권을 안내하겠다. 이 책들을 읽으면 여러 채널에서 카피라이팅을 하는 데 많은 도움이 될 것이다.

카피 작성에 도움이 되는 추천 도서

랜딩 페이지 만들기

고객이 광고를 클릭했을 때 마주하는 랜딩 페이지를 어떻게 구성하면 좋을지 알아보자. 광고 카피 작성과 마찬가지로 랜딩 페이지도 제품과 서비스의 특징을 파악하는 것부터 시작한다.

우선 광고 카피와 랜딩 페이지에는 '이것이 가장 효과적이다.'라는 정답이 존재하지 않는다는 사실을 분명히 인지하자. 서비스를 이용하는 고객의 입장에서 생각하는 것만이 좋은 랜딩 페이지를 만드는 비결이다. 여기에서는 랜딩 페이지의 아이디어를 얻고 구성하는 단계를 살펴본다.

① 제휴 사이트에서 제공하는 랜딩 페이지를 사용하지 않는다

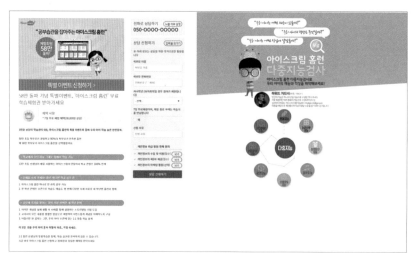

제휴 사이트의 랜딩 페이지 예시

옆의 화면은 왼쪽부터 텐핑, 디비디비딥이라는 제휴 사이트의 랜딩 페이지로 여기에는 마케터가 투자한 노력이 하나도 없다. 제휴 사이트라는 연습 공간에서도 자신의 노력을 투자하지 않고 무언가를 얻기 바라면 안 된다. 그렇게 되면 차후 자신의 제품과 서비스를 홍보할 때도 잘못된 습관이 형성되며 어떻게 노력해야 하는지를 모르게 되기 때문에, 제휴 사이트라는 연습 공간에서 충분히 시간을 투자하자.

제휴 사이트에서는 대다수의 마케터가 기본 제공 랜딩을 사용하기에 남들과 차별성이 없다. 게다가 해당 랜딩 페이지는 고객들이 많이 접해보아서 광고 피로도가 있어 성과를 기대하기 어렵다.

② 랜딩 페이지를 만들 수 있는 툴을 미리 세팅한다

웹 사이트를 제작한 경험이 있다면 자신만의 웹 사이트를 제작해서 도메인을 구입하여 랜딩 페이지를 만들 수도 있다. 하지만 여건이 안 된다면 네이버 블로그, 카페, 그리고 티스토리 블로그 등 랜딩 페이지를 제작할 수 있는 공간에서 페이지 구성에 대한 충분한 인사이트를 쌓은 후에 웹 사이트를 제작하자.

티스토리 블로그의 경우, 개설하려면 티스토리 초대장을 받아야 한다. 다음과 같이 티스토리 공식 사이트에서 초대장을 배포한다는 게시 글을 확인하여 초대장을 요청하면, 티스토리 블로그 개설 초대장을 받을 수 있다.

티스토리 블로그 개설(1)

만약 티스토리 공식 사이트에서 초대장을 받는 데 어려움이 있다면, 네이버 디지털 노마드 카페(http://cafe.naver.com/bujacafe1)를 방문하여 아래 빨간 박스로 표시된 티스토리 초대장 게시판에서 카페 회원에게 요청하면 된다.

티스토리 블로그 개설(2)

③ 여러 입장이 되어 접근해본다

제휴 사이트라는 연습장에서 연습하는 마케터들은 머천트를 선정하고, 사이트에서 제공하는 랜딩 페이지에서 USP를 확인하고, 확인한 USP를 강조하여 랜딩 페이지를 구성할 것이다. 하지만 이렇게 만든 랜딩 페이지는 광고 효과가 지속되는 데 유효 기간이 있다. 나뿐만 아니라 수많은 마케터들이 이 과정을 통해 랜딩 페이지를 만들기 때문에 동일한 USP와 비슷한 랜딩 페이지를 소비자들에게 노출시키는 셈이다.

그래서 마케터는 경쟁자들과 어떻게 차별화할지 끊임없이 고민해야 한다. 제휴 사이트의 랜딩 페이지 안에 있는 구성 요소를 체크했다면, 직접 소비자가 되어 또 다른 USP를 찾아내야 한다. 그러려면 다음과 같은 시도를 해보자. 머천트를 아이스크림 홈런으로 선정했을 경우다.

소비자가 직접 되어보기

첫째, 자신이 초등 자녀를 둔 학부모라고 가정하고 앞 화면의 빨간 박스 안의 내용을 입력하고 무료 학습을 신청해보자. 신청한 이후, 상담 센터에서 소비자에게 전화가 올 때까지 시간이 얼마나 걸리는지, 월 이용료는 얼마인지, 할인 적용이 가능한지 등을 물어보고 기록한다.

그리고 상담받는 동안 상담사가 고객에게 어떤 질문을 하는지, 형식적인 상담 매뉴얼이 있는지를 체크한다. 앞에서 살펴보았듯이 커뮤니티에서 해당 머천트를 이용한 고객들의 후기와 구매를 고려하는 사람들이 어떤 부분에서 망설이는지, 고객이 생각하는 경쟁사는 어디인지 등도 파악해보아야 한다. 이러한 연습이 습관화되면, 머천트보다 큰 범주인 교육 카테고리의 다른 머천트를 홍보할 때 고객의 니즈 파악이나 광고 카피와 랜딩 페이지 구성법 등이 보일 것이다.

둘째, 제휴 사이트의 랜딩 페이지가 아니라 옆 화면처럼 광고주가 운영하는 공식 사이트를 방문해서 문의해본다. 제품을 더 잘 팔고 싶다는데 이를 거절할 광고주는 없다고 생각한다. 이번 달 진행 중인 프로모션 가이드, 허용해주는 할인 프로모션의 범위, 차후 계획된 프로모션 등을 물어보고, 경쟁자보다 빠르게 최신 정보를 수집해야 한다. 또한 오른쪽 빨간 박스에 있는 제품을 사용하면서 겪는 고객들의 불편함과 궁금증 등도 체크해야 한다.

조회수에서 볼 수 있듯이 FAQ는 제품을 이용하는 고객들과 간접적으로 만날 수 있는 공간이다. 이는 랜딩 페이지뿐만 아니라 제품을 이해하고 광고 카피를 작성할 때 아이디어를 얻거나 경쟁자와 차별화할 때 많은 도움이 된다.

마케터로 접근해보기

    셋째, 제휴 사이트 담당자와 미팅해보라. 다만 제휴 사이트에서 특정 머천트로 일정한 성과를 내야 한다는 조건을 전제하고 접근해야 한다. 마케터가 달성한 성과를 가지고 담당자와 미팅 자리를 만들어라. 제휴 사이트 담당자의 입장에서 아무런 성과가 없는 마케터에게 제휴 사이트에서 알고 있는 내용을 공유해줄 거라는 생각은 하지 말자.

    담당자와의 미팅이 주선되면, 광고주가 제휴 사이트에 제공한 아이스크림 홈런 제품을 일정 기간 이용해볼 수 있는지, 홈런 이외에 타 머천트의 변경 프로모션이나 제휴 사이트의 자체 프로모션 등도 문의해보자. 지금까지는 광고주와 소비자의 관점에서 마케터가 제품과 서비스를 파악했다면, 이번에는 제휴 사이트 담당자와 광고주만의 커뮤니케이션이므로 마케터로서는 알 수 없는 내용을 파악하는 데 집중해야 한다.

상담사가 알 수 있는 내용에는 한계가 있다. 그 내용은 플랫폼의 운영자와 조직에서 중요한 직책을 맡은 사람들이 결정하는 것이기에, 마케터는 제휴 사이트와의 지속적인 커뮤니케이션을 통해 광고주가 어떤 프로모션을 기획하고 있는지, 제휴 사이트에서 중요하게 다루고 있는 이슈는 무엇인지 등을 간접적으로 파악해야 한다.

제휴 마케팅이라는 연습장에서 일정한 성과를 달성하고, 담당자와 미팅을 통해서 제휴 사이트와 지속적인 관계를 형성하고, 앞서 설명한 일련의 과정을 거치고 시간을 투자한다면, 차후 자신의 제품과 서비스를 홍보·판매할 때도 큰 도움이 될 것이다.

앞서 강조했듯이 광고 카피와 랜딩 페이지에 정해진 답은 없다. 직접 해당 제품의 샘플을 받아보고, 위의 접근법과 자신이 떠올린 접근법을 추가하여 소비자의 사용 후기, 관련 카테고리의 사이트를 관찰하고 떠올린 아이디어를 기록하고 지속적으로 자신만의 인사이트와 데이터를 축적하는 데 집중해야 한다.

출퇴근할 때나 친구들을 만날 때 손바닥 수첩을 가지고 다니자. 수첩에는 사람들이 무슨 행동을 하는지, 스마트폰으로 무엇을 보고 있는지, 지하철 광고는 어떠한지 등을 관찰하면서 떠오르는 아이디어를 습관적으로 기록해보라.

당장 광고나 수익 창출에 도움이 안 될지라도 관찰을 통해 얻은 인사이트는 다른 카테고리와 채널에서 광고 카피, 랜딩 페이지를 구성할 때 반드시 도움이 된다. 이렇게 축적된 자료를 토대로 새로운 조합을 만들어보고 경쟁자와 차별화하는 것이 마케터가 꾸준히 해야 할(TO-DO) 일이라고 생각한다.

광고 운영 시
알짜 활용 Tip

키워드 검색, 이렇게 활용하라

키워드 개념 잡기

페이스북 광고 관리 시스템과 달리, 애드워즈는 광고 그룹 내 키워드라는 도구를 통해 홍보하고자 하는 제품이나 서비스에 관심을 보인 사람들에게 광고를 노출시켜준다. 우선 키워드가 무엇인지 알아보자.

사전적 의미로 키워드란 특정 제목이나 내용에서 추출한 단어나 구절로서 검색할 때 접근어로 쓰는 것을 말한다. 즉 정보를 찾기 위해 사용되는 단어나 기호이며 애드워즈 광고주와 구글 검색 엔진에서 원하는 정보를 얻기 위해 검색하는 유저를 이어주는 연결 고리이다.

키워드는 애드워즈 광고 시스템에서 광고 카피, 랜딩 페이지 구성과 함께 시간을 많이 투자해야 하는 부문이다. 키워드는 대표 키워드와 세부 키워드로 분류할 수 있는데, 대표 키워드란 검색량이 많고, 누구나 간단히 떠올릴 수 있으며, 검색 광고에 경쟁이 많은 단어이다. 예를 들면 '축구, 게임, 맛집' 등 유저의 트래픽이 많은, 사람들이 많이 검색하는 키워드이다.

세부 키워드란 대표 키워드보다 구체적이며, 사람들의 검색량이 적고 경쟁이 적은 단어이다. 예를 들면 '강남역 근처 스파게티 맛집', '재미있는 게임 순위'처럼 일반적으로 생각나는 대표 키워드에 구체적 설명이 포함된 구절이다.

구글 애드워즈 키워드 검색 유형

구글 애드워즈 광고 시스템은 위와 같이 4가지 키워드 검색 유형이 있다. 강남역이라는 키워드를 예로 들어 보자.

키워드 검색의 종류

① 확장 검색

확장 검색 유형 등록

확장 검색 유형은 키워드와 유사하거나 관련 검색어에 대해 광고가 게재되는 유형이다. 유저가 '강남역, 강남역 맛집, (강남역을 영어로 쓴) RKDSKADUR' 등을 입력하면 이 키워드나 유사어의 광고가 노출된다.

② 변형 확장 검색

키워드 검색	제외 키워드	검색어 ▼

키워드 추가

관련 키워드 목록을 작성하려면 아래 아이디어를 추가하세요. 사용자가 관련 검색어로

+강남역+맛집

변형 확장 검색 유형 등록

변형 확장 검색은 확장 검색 키워드 또는 확장 검색 키워드와 매우 유사한 키워드를 포함한 검색어에 광고가 게재되는 방식이다. 유저가 '강남역 맛집, 강남역 근처 맛집, 강남역 치킨 맛집' 등 강남역과 맛집이라는 키워드와 유사한 키워드를 포함하고 검색했을 때 광고가 노출된다.

③ 구문 검색

키워드 추가

관련 키워드 목록을 작성하려면 아래 아이디어를 추가하세요. 사용자가 관련 검색어로

"강남역"

구문 검색 유형 등록

　　구문 검색은 키워드 구문 또는 그와 매우 유사한 구문을 정확히 포함하며 해당 구문의 전후에 다른 단어를 포함할 수도 있는 검색에 대해서만 광고가 게재되는 유형이다. 유저가 '강남역 맛집, 신논현역에서 강남역'처럼 강남역이라는 키워드 앞뒤에 특정 단어를 추가하여 검색했을 때 광고가 노출된다.

④ 일치 검색

키워드 추가

관련 키워드 목록을 작성하려면 아래 아이디어를 추가하세요. 사용자가 관련 검색어로

[강남역]

일치 검색 유형 등록

　　일치 검색 유형은 다른 단어를 포함하지 않으며 키워드 구문 또는 키워드

구문과 매우 유사한 구문을 검색하는 경우에만 광고가 게재되는 유형이다. 유저가 정확히 강남역을 검색했을 때 광고가 노출된다.

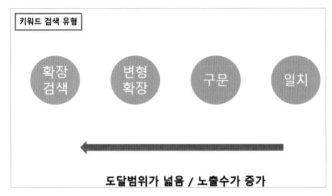

검색 유형 도달 범위

구글 애드워즈 키워드 검색 유형은 위와 같이 확장 검색 유형으로 갈수록 광고의 도달 범위가 넓고 광고주의 광고 노출수가 증가한다.

키워드 아이디어를 얻기 위한 4단계

다음으로는 구글 애드워즈 검색 광고 상품을 활용하면서 등록하는 키워드 아이디어를 얻는 법에 대해 알아보자. 키워드 아이디어를 얻는, 그리고 접근하는 과정은 총 4단계로 구분된다.

① 1단계 – 고객을 정의하고 그들의 관점이 되어본다

머천트를 아이스크림 홈런으로 선정했을 경우, 고객이 누구인지를 생각해야 한다. 고객은 크게 두 부류로 나눌 수 있다. 자녀의 영어 교육에 관심이 있어서 여러 정보를 탐색하는 중에 홈런이라는 학습지를 발견한 고객과, 정말로 구매하기를 원하는 고객이 있다. 전자의 경우, 기존에 홈런 학습지에 대한 인지도가 없는 상태로, 단순 교육 서비스를 비교하기 위해 검색한, 클릭만 하고(광고비 지출 발생) 이탈할 가능성이 높다. 후자의 경우, 홈런 학습지를 이미 알고 있고, 구매 가능성이 매우 높은 고객이다. 구글 애드워즈 광고주와 마케터는 이런 고객을 타깃으로 한 키워드를 탐색해야 한다.

② 2단계 – 구글 키워드 플래너를 참고한다

구글에서 광고주에게 제공하는 키워드 플래너를 활용해서 해당 머천트와 관련된 키워드가 어떤 것이 있는지 확인한 후 자신만의 온라인 공간에 기록 및 축적을 해두어야 한다.

도구 〉 키워드 플래너

선정한 서비스 및 본인의 제품, 서비스명 입력

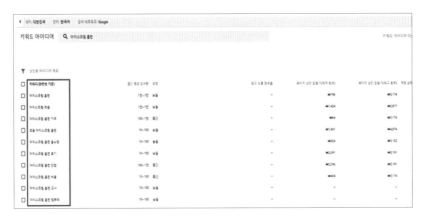

키워드 아이디어 기록 및 축적

이 같은 단계를 거쳐 선정한 머천트, 자신의 제품이나 서비스의 이름을 입력하고 구글 빅데이터에 쌓인 키워드를 기록해두자.

③ 3단계 – 검색을 통해 키워드를 수집한다

해당 머천트와 관련된 키워드를 네이버, 다음, 구글에서 검색해보자. 거기서 나오는 연관 키워드를 살펴본다. 아래 화면에서 확인할 수 있듯이, 해당 제품과 서비스를 검색했을 때 나오는 관련 검색어 중 아이스크림 홈런 후기, 아이스크림 홈런 교사 등의 키워드를 자신의 온라인 저장소에 축적해야 한다.

구글 애드워즈라는 도구를 활용하는 광고주는 구글에서만 정보를 찾는 것이 아니라, 빅데이터를 활용하는 네이버, 다음 등의 인기 검색 엔진을 통해 제품과 서비스 관련 키워드를 탐색하는 데 시간을 투자해야 한다.

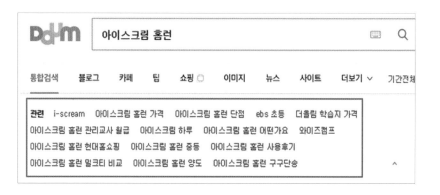

다양한 채널에서 관련 키워드 수집하기

④ 4단계 – 자신의 머릿속에서 아이디어를 생각한다

다양한 채널에서 얻을 수 있는 데이터를 참고하고 기록해두었다면, 마지막으로 어떤 키워드를 입력할지 손으로 직접 써보자.

캠페인을 등록하기에 앞서 자신이 생각하기에 핵심 키워드는 무엇인지 정하고 이를 보충하는 단어와 구절을 생각해보아야 한다.

예를 들어 '아이스크림 홈런'을 핵심 키워드로 설정했다면 아이스크림 홈런이라는 키워드에 어떤 키워드가 추가되어야 할지와 참고한 데이터에서는 나오지 않은 키워드를 생각해내야 한다. 위의 단계를 통해 자신만의 데이터를 꾸준히 쌓아나가자. 애드워즈라는 구글의 광고 도구를 알아가는 과정에서, 그중에서도 검색 광고 도구를 활용할 때는 다음 두 가지 질문을 해보아야 한다.

– 어떤 키워드를 등록해야 좋을까?

– 어떤 키워드를 등록해야 정해진 예산 범위 안에서 최대 효율을 얻을 수
  있을까?

이에 대한 명확한 답은 존재하지 않지만 노력과 연구는 필수적이다. 이 두 가지 질문에 대한 답을 바탕으로 다음 프로세스를 반복, 또 반복해야 한다.

광고주만의 애드워즈 광고 전략 반영 → 테스트 →

인사이트 정리 및 검토 → 목표 재설정 → 테스트

구글 애드워즈 광고 운영 Tip

어느 분야든 쉽게 얻을 수 있는 것은 없다. 나는 지금도 구글 애드워즈라는 도구를 배우고 있다. 디지털 마케팅에서 쉽게 얻은 것은 그만큼 쉽게 잃는다. 모든 과정을 하나의 배움이라고 생각하고, 각자가 세운 목표를 달성하기 위해 해야 할(To-do) 일을 하며 게임처럼 즐기면 자연스레 성과는 따라올 것이다. 즉 애드워즈라는 도구, 디지털 마케팅을 즐기길 바란다.

여기에서는 애드워즈 광고를 운영할 때 참고해야 할 몇 가지 Tip을 소개하고자 한다.

① 기기를 구분하여 캠페인을 운영한다

모바일, 데스크톱 기기의 구분

캠페인을 모바일, 데스크톱으로 구분해서 운영할 것을 권장한다. 광고주는 기기별로 상이한 데이터를 비교할 필요가 있다. 아래 화면처럼 캠페인을 운영하고 일정 기간이 지났을 때, 기기별로 특정 캠페인의 상호작용이 얼마나 발생했는지, 비용은 얼마나 지출했는지 등의 데이터를 검토해보자. 이를 토대로 캠페인을 중지할 것인지, 광고 카피와 랜딩 페이지 등을 수정할 것인지, 특정 기기에 더 효과적인 캠페인은 무엇인지를 결정할 수 있다.

애드워즈 예시_D	₩3,000/일 ☑	운영 가능	163	1 클릭수	0.61%
애드워즈 예시_M	₩3,000/일 ☑	운영 가능	281	14 클릭수	4.98%

모바일, 데스크톱 기기별 데이터

아래 화면의 순서대로 구글 애드워즈 기기 탭 화면에서 데스크톱을 제외한 휴대전화, 태블릿 입찰가를 감액할 수 있다. 모바일용 캠페인을 생성할 때도, 동일하게 모바일을 제외한 데스크톱, 태블릿 입찰가 100% 감액 설정을 하면 된다.

수정할 캠페인 선택 후 좌측 기기 탭 클릭

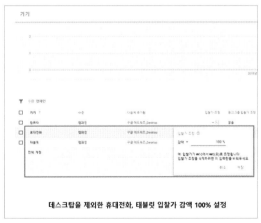

데스크탑을 제외한 휴대전화, 태블릿 입찰가 감액 100% 설정

기기별 입찰가 조정

163

② 키워드 등록 시 보수적으로 한다

키워드 아이디어를 얻는 방법을 통해 적게는 10개, 많게는 20개까지의 키워드 데이터를 축적했을 것이다. 그렇다면 이 키워드를 다 등록해야 할까? 아니다. 아직 키워드를 기반으로 한, 광고주가 등록한 검색 광고의 데이터가 쌓이지 않았기에 어떤 키워드로 유입된 고객이 구매 전환, 상담 신청을 하는지 확인할 수 없다. 그러므로 키워드를 등록하기 전에 보유한 키워드 중에서 고객의 구매, 신청 가능성이 높은 최대 5개의 키워드를 선정하여 보수적으로 운영할 것을 권한다.

그리고 키워드 등록 시 확장 검색 유형은 절대 사용하지 마라. 확장 검색 유형의 경우 '도달되는 범위가 넓고 노출수도 많으니까 고객의 구매 전환이 잘 되겠지?'라는 생각으로 접근하면 안 된다. 노출이 많으면, 당연히 클릭도 많아지고, 광고주가 지출하는 광고 비용도 늘어난다.

또한 확장 검색 유형의 경우에는 광고주가 고려하지 않았거나, 제품이나 서비스와 전혀 관련 없는 키워드로도 유입이 되므로 초기에 세운 광고 전략과 어긋나서 생각하지 못한 비용이 지출될 수도 있다. 따라서 키워드를 등록할 때 키워드를 구문 검색, 일치 검색 유형으로 적절하게 설정할 것을 추천한다.

마지막으로 캠페인을 운영하면서 검색어 보고서를 활용해서 제외 키워드를 등록해야 한다. 일정 기간 캠페인 데이터가 쌓였을 때, 옆 화면처럼 구글 애드워즈 대시보드 키워드 클릭 후 검색어 탭으로 들어가면 일정 기간 동안 유저들이 어떤 키워드로 광고에 유입되었는지, 유입 시 검색 유형은 어떠한지를 확인할 수 있다. 검색어 보고서를 통해 광고주는 자신도 생각하지 못한 키워드 아이디어를 얻을 수 있으며, 관련이 없는 키워드는 캠페인에서 제외시킬 수 있다.

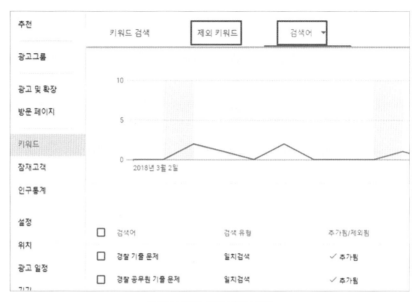

검색어 보고서, 제외 키워드 활용

　제외 키워드란 특정 단어 또는 구문이 검색될 때 광고 게재를 차단하는 키워드 유형을 말하며, 해당 구문을 검색하는 사용자에게는 광고가 게재되지 않는 기능이다. 예를 들어 캠페인에 페이스북을 제외 키워드로 등록하면 페이스북이라는 단어가 포함된 모든 키워드에서 광고주의 광고가 노출되지 않는다.

　캠페인을 만들기 전에 제품과 관련이 없는 키워드를 추가하거나 운영하면서 유입되는 키워드 중 관련 없는 키워드를 제외 키워드로 등록하자. 그렇게 하여 광고를 기간별로 개선하고, 구매 의사가 있는 유저들에게만 광고를 보여주자.

추천			
	키워드 검색	제외 키워드	검색어 ▼

광고그룹

광고 및 확장

방문 페이지

키워드

잠재고객

인구통계

설정

위치

광고 일정

기기

고급 입찰가 조정

내역 변경

캠페인 초안 및 실험

제외 키워드 추가

◉ 제외 키워드 추가 또는 새   ○ 제외 키워드 목록 사용
  목록 만들기

제외 키워드를 설정하면 사용자가 해당 키워드를 검색하거나 관련 콘텐츠를 찾아

추가하기
캠페인 ▼   구글 애드워즈_Desktop

제외 키워드

페이스북

☐ 새 목록 또는 기존 목록에 저장

저장   취소

제외 키워드 등록하기

③ 연령, 성별 타깃팅을 한다

앞서 다룬 머천트 선정 시 참여 가능한 고객의 연령대를 파악하고 캠페인에서 적절하지 않은 연령 데이터를 제외해야 한다. 육아, 자녀를 대상으로 한 머천트를 선정했을 때, 자녀를 둔 엄마 고객의 나이를 30~40대로 가정하고, 다음 페이지 화면과 같이 캠페인 선택 후 좌측 인구 통계 탭에서 광고주가 정의한 고객과 관련 없는 성별과 연령 데이터를 제외한다.

위 화면 하단의 알 수 없음이라고 표시된 인구 통계 데이터는 구글 로그인을 하지 않고 키워드를 검색한 유저들의 데이터로, 연령과 성별이 확인되지 않은 데이터를 의미한다.

광고주가 정확한 타깃을 노린 광고를 선호한다면 알 수 없는, 즉 파악할 수 없는 데이터를 제외시키자. 물론 알 수 없음의 데이터가 차지하는 비중이 크지만, 예산이 정해진 만큼 광고 비용을 정확한 타깃을 향해 광고하는 것이 좋다.

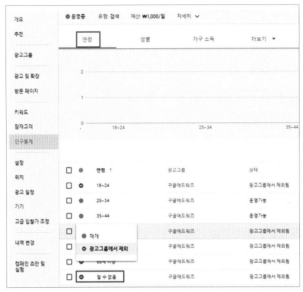

연령, 성별 데이터 제외

④ 구글의 데이터를 너무 믿지 않는다

앞에서도 여러 번 강조했듯이 구글의 데이터를 너무 믿어서는 안 된다. 캠페인을 운영하다 보면 광고 성과를 향상시킬 수 있다고, 예를 들어 CTR(클릭률)를 상승시킬 수 있다, 키워드를 추가하면 더 좋은 성과를 낼 수 있다는 등의 알림이 뜬다. 그러나 구글의 추천 알림 등이 광고주의 광고 전략보다 우선되어서는 안 된다.

구글이 광고주에게 보여주는 알림

구글은 캠페인 운영 시 키워드별로 너무 낮은 입찰가를 설정하거나 검색량이 적은 세부 키워드를 등록했을 때 광고가 게재되지 않는다는 알림을 보낸다. 여기서 명심할 것은 첫 페이지에만 내 광고가 노출되지 않는다는 점이다. 일정 예산 범위 내에서 활동하는 광고주의 경우, 앞서 설명했듯이 입찰가의 마지노선을 스스로 정하고 애드워즈를 활용해야 한다.

고객은 첫 페이지만 보지 않는다. 자신이 필요한 정보를 얻기 위해서라면 2~3페이지까지 이동하며 원하는 정보를 찾는다. 이 밖에도 연령 데이터를 제외할 경우 특정 연령을 제외한 광고는 광고 미리보기를 할 수 없다는 알림도 있다. 이처럼 디지털 도구를 활용하는 데 광고주의 기준과 전략이 구글 알림 때문에 혼란을 겪지 않도록 주의해야 한다.

⑤ 자신만의 광고 전략을 수립한다

디지털 노마드로서 애드워즈라는 디지털 도구를 다룰 때는 자신만의 기준을 정립해서 디지털 마케터로서의 성장에 집중하길 바란다. 확고한 기준이 없으면 무수히 많은 정보에 휘둘린다. 또한 자신의 돈을 지출하는 데 좋은 판단을 내리기가 어렵다.

예를 들어 입찰가를 어떻게 설정해야 좋은지, 특정 기능을 사용하면 무엇이 더 좋은지, 어떻게 접근해야 할지 등 크고 작은 판단을 내리는 데 어려움을 겪을 수 있다. 자신만의 기준을 정립하기 위해 모든 것에 의문을 가지는 습관을 기르자.

애드워즈 광고 시스템 내에서도 '이 기능은 어떨 때 사용하는 거지?', '구글에서 왜 이런 알림을 보내는 거지?' 등의 의문을 거듭해보면 좋다. 그 과정을 반복하다 보면 문제 해결 방법이 나올 것이다. 그리고 광고 카피, 랜딩 페이지, 광고 기능에는 정답이 없다는 사실을 염두에 두자. 결국 구매는 고객이 하기 때문에 고객 입장에서 니즈를 생각해보아야 좋은 광고 카피와 랜딩 페이지 생성, 광고 전략 수립을 할 수 있다.

무엇보다 소규모 팀 또는 1인이라면 자신이 대기업의 CEO라고 생각하고 애드워즈에 접근해야 한다. 광고 예산 집행, 기획, 전략 수립 등 각 부서에서 담당하는 일을 일과에 적용해보자. 그리고 자신이 일반 마케터가 아닌 CEO라고 생각하고, 전략적이고 계획적으로 디지털 도구를 활용해야 한다.

한 가지 덧붙이자면 디지털 노마드 카페(http://cafe.naver.com/bujacafe1)를 방문해서 다른 사람들은 어떻게 마케팅을 하고 어떤 고민을 가지고 있는지, 잘하는 사람들은 어떻게 하고 있는지 파악해보자. 온·오프라인으로 사람들과 교류하는 것도 큰 도움이 될 것이다.

PART 6

구글 애드워즈
광고 만들기 A to Z

머천트 선정

처음 제휴 사이트와 마케팅을 접하는 사람들은 많은 머천트 중 어떤 것을 선정하면 좋을지 몰라서 어려움을 겪곤 한다. 이제부터 제휴 사이트별로 머천트를 선정하는 데 참고할 부분에 대해서 알아보자.

첫째, 제휴 사이트 디비디비딥의 경우

매출좋은 CPA알바	승인률 좋은 CPA알바
매출 순위는 최근 한달간 통계로 노출됩니다.	승인률 순위는 최근 한달간 통계로 노출됩니다.

제휴 사이트 머천트 선정(1)

디비디비딥 사이트 홈 하단을 보면 매출 좋은 CPA 알바와 승인률 좋은 CPA 알바가 안내되어 있다. 이 중 맨 상단에 위치한, 홍보가 많이 일어나는 머천트부터 선정하는 것이 좋다. 이로써 제휴 마케팅으로 좋은 성과를 거두는 사람들이 어떤 머천트를 택하는지 유추해볼 수 있으며, 네이버와 다음 등 다양한 채널에서 마케터들이 어떻게 홍보하고 있는지 소스를 쉽게 얻을 수 있다.

둘째, 제휴 사이트 마켓클럽의 경우

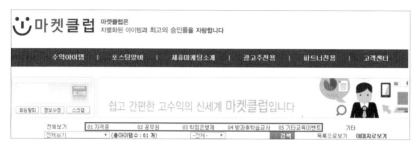

제휴 사이트 머천트 선정(2)

　마켓클럽의 자격증 중 공무원을 머천트로 홍보할 경우를 보자. 마케터 본인이 제휴 마케팅을 알기 전부터 알고 있던 머천트를 먼저 홍보하는 것을 추천한다. 경찰 공무원, 심리 상담사 등이 머천트의 한 예가 될 수 있다.

　이미 인지도가 있는 머천트의 경우, 각종 채널에서 참고할 수 있는 정보가 많이 있으며, 시장에서 해당 머천트에 대한 인지도와 광고주의 광고를 클릭하는 유저의 검색량도 높기 때문에 구글 애드워즈로 광고를 했을 때 DB로의 전환률이 좋은 편이다.

셋째, 제휴 사이트 텐핑의 경우

제휴 사이트 머천트 선정(3)

　제휴 사이트 텐핑에서 머천트를 선정할 때, 위에서 보는 것처럼 카테고리 참여 → 인기 순, 그리고 최근 참여 현황을 보고 참여가 잘 일어나는 머천트를 선정하면 좋다. 일정 기간을 두고 참여 현황을 모니터링하면, 텐핑을 이용하는 마케터들이 어떤 머천트로 자주 홍보하는지 알 수 있다. 이런 식으로 해당 머천트를 발견하고, 본인만의 데이터를 축적한다면, 타 제휴 사이트에서 머천트를 선정할 때와 동일하게 각종 채널에서 검색을 통해 머천트에 대한 소스를 쉽게 얻을 수 있다.

직접 실습하기

지금부터는 특정 머천트를 선정하고 광고를 만드는 과정을 함께 해보자. 머천트는 마켓클럽에 있는 심리 상담사 자격증을 선정하여 진행할 것이다. 앞서 설명한 것처럼 사람들에게 인지도가 있는 머천트를 선정하는 것이 처음 구글 애드워즈라는 도구를 익힐 때 수월하다. 자격증에서 자녀 교육 등의 카테고리 중 하나를 정해서 순차적으로 등록해보면서 어떻게 광고를 진행할지, 해당 카테고리의 광고를 등록할 때는 카피를 어떻게 작성할지 등 본인만의 인사이트를 쌓아보자.

머천트 선정(심리 상담사)

마켓클럽에서 제공하는 랜딩 페이지를 들어가면, 빨간 박스로 표시한 머천트의 USP를 확인할 수 있다. 이 부분에서 여러분은 심리 상담사라는 자격증 시험을 준비하거나 시험 문제 자료가 필요한 사람들을 애드워즈를 통해 타깃팅해야 한다는 점을 체크해야 한다.

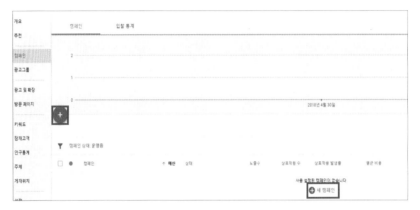

새 캠페인 생성

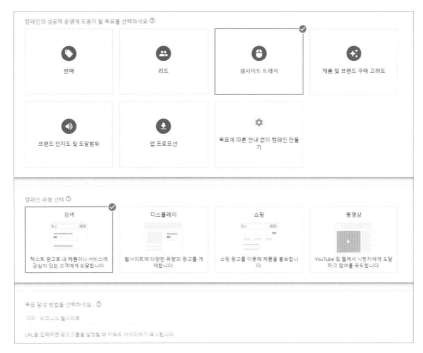

캠페인 설정(1)

왼쪽 화면처럼 애드워즈 대시보드에서 새 캠페인 버튼을 누르면 위의 화면이 나온다. 위 화면에서 보는 것처럼 광고주의 웹 사이트로 방문자를 늘리기 위한 웹 사이트 트래픽이라는 목표와 검색 네트워크를 설정해준다. 다음 비즈니스 웹 사이트의 경우, 꼭 지금 단계에서 입력하지 않아도 되기 때문에 차후에 등록해도 무방하다.

이후 설정 부분은 앞에서도 다루었지만 한 번 더 설명을 하겠다. 뒤에 나오는 화면의 빨간 박스처럼 캠페인 명은 광고주가 분류하기 쉽게 명시하고, 기본 체크 표시가 된 검색 파트너와 디스플레이 네트워크 포함은 체크 해제를 해준다. 일일 평균 희망 지출액의 경우 6,000원으로 심리 상담사 머천트의 단가와 동일하게 설정하였다. 하루에 6,000원이 다 소진되는 것은 아니며, 광고 비용 6,000원 안에서 DB가 하나라도 전환될 경우 흑자라고 판단하여 다음과 같이 설정하였다.

예산 설정에 정해진 기준은 없다. 본인의 월, 주, 일 사용할 수 있는 광고 예산을 고려하여 캠페인별로 적절히 나누기를 권장한다. 입찰 전략의 경우에도, 구글 봇이 자동으로 입찰가를 조정하는 것이 아니라 광고주인 내가 통제권을 가지기 위해 수동으로 입찰가를 설정하자. 특히 구글 애드워즈를 다루는 데 익숙하지 않은 사람은 반드시 수동으로 설정하여 광고비가 많이 지출되는 것을 방지하자.

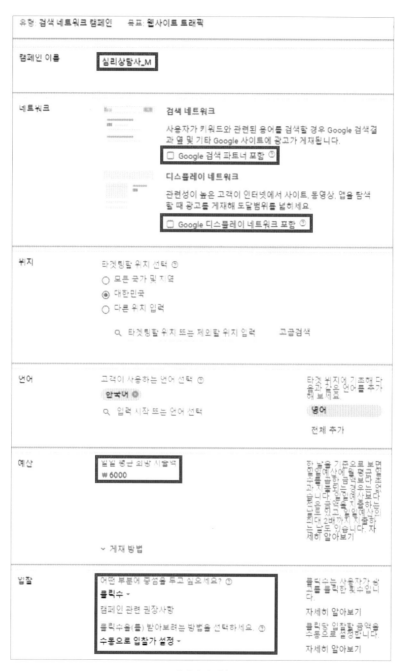

유형: 검색 네트워크 캠페인   목표: 웹사이트 트래픽

캠페인 이름   심리상담사_M

네트워크   **검색 네트워크**
사용자가 키워드와 관련된 용어를 검색할 경우 Google 검색결과 옆 및 기타 Google 사이트에 광고가 게재됩니다.
☐ Google 검색 파트너 포함 ⑦

디스플레이 네트워크
관련성이 높은 고객이 인터넷에서 사이트, 동영상, 앱을 탐색할 때 광고를 게재해 도달범위를 넓히세요.
☐ Google 디스플레이 네트워크 포함 ⑦

위치   타겟팅할 위치 선택 ⑦
○ 모든 국가 및 지역
◉ 대한민국
○ 다른 위치 입력

🔍 타겟팅할 위치 또는 제외할 위치 입력   고급검색

언어   고객이 사용하는 언어 선택 ⑦   타겟 위치에 기초해 다
른 언어를 추가
한국어 ⊗
🔍 입력 시작 또는 언어 선택   **영어**
전체 추가

예산   일일 평균 희망 지출액
₩ 6000

˅ 게재 방법

입찰   어떤 부분에 중점을 두고 싶으세요? ⑦   클릭수는 사용자가 광고
클릭수 ▾   를 클릭한 횟수입니다.

캠페인 관련 권장사항   자세히 알아보기

클릭수율(를) 받아보려는 방법을 선택하세요. ⑦   클릭당 입찰가 금액을
수동으로 입찰가 설정 ▾   수동으로 설정합니다.
자세히 알아보기

캠페인 설정(2)

183

콜아웃 광고 확장 설정

콜아웃 광고 확장을 설정할 때는 제휴 사이트의 랜딩 페이지에서 확인할 수 있는 USP, 즉 심리 상담사에 관심 있는 사람들이 접수하였을 때 얻을 수 있는 혜택을 명시해주는 것이 좋다. 앞에서 설명했듯이 광고 확장 기능은 광고주의 광고가 유저들에게 매력 있게 보일 수 있도록 도와주는 기능이기에 타 경쟁 광고주와 차별화되는 혜택 등을 표시해주면 효과적이다.

광고그룹 이름
심리상담사_M

기본 입찰가 ⑦
₩ 500

[심리상담사 기출문제]
[심리상담사 자격증 예상문제]
"심리상담사 자격증"

광고를 게재할 검색어를 지정하는 검색 유형
키워드 = 확장검색 '키워드' = 구문검색 [키워드] = 일치검색 자세히 알아보기

➕ 새 광고그룹 ⌄

저장하고 계속하기 취소

광고 그룹 설정

　　광고 그룹의 경우, 기본 입찰가를 500원으로 설정하면 입력한 키워드에
도 동일하게 500원이 설정된다. 이는 키워드별로 다른 입찰가를 적용할 수
있기 때문에 광고 그룹 입찰가 설정 부분에서는 광고주의 가용 가능 예산을
고려해서 입력하면 된다. 심리 상담사 기출 문제 등 키워드 설정 관련 내용
은 Part 5의 키워드 찾는 방법을 참고하라.

광고 작성

광고 카피는 오른쪽 화면처럼 심리 상담사 자격증이라는 키워드를 포함시킨 상태에서 다른 광고보다 전문성이 부각되게끔 작성하는 것이 포인트다. 심리 상담사 이외의 다른 머천트의 광고 카피를 작성할 때도, 무료 자료 제공 등의 혜택만을 강조하는 것이 아니라 전문성을 부각시켜 작성하는 것이 좋다. 제휴 사이트의 랜딩 페이지에서 심리 상담사가 요즘 뜨는 이유와 필요성 등을 상세하게 적어 놓았으니 광고 설명 부분을 작성할 때 이를 참고하자. 이는 처음 광고를 만드는 광고주에게 손쉬운 방법 중 하나이다.

심리상담사 시험자료

무료 제공 및 시험안내가이드 제공

현대사회의 산업이 발달할수록 인간에게는 다중 지능적 사고를 요구함에 날로 새로운 형태의 스트레스가 증가하게 되어, 이러한 스트레스의 요인을 찾아 심리상담학적 방법으로 상담하고 치료하는 것이 심리상담사의 주요 업무입니다.

학대 아동 상담 등을 각종 사회복지기관을 통해 상담할 수 있는 전문적 인력으로 성장해나갈 수 있으며, 학생과 주부, 경력 없는 장년층도 쉽게 도전할 수 있습니다.

*무료지원사항

-취업.창업.프리랜서 활동 지원

-각종 관련자격 취득 지원 혜택

-시험일정 및 시험 노하우 안내 지원

-최근 기출문제 무료제공

<자격증 취득 및 무료자료 받기>

랜딩 페이지 작성

랜딩 페이지를 작성할 때 타 광고주의 웹 사이트를 참고하는 것도 좋지만, 반드시 직접 랜딩 페이지를 작성하는 연습을 해보자. 앞의 화면은 우선 제휴 사이트 랜딩 페이지에서 제공하는 심리 상담사 자격증 안내, 자격증 취득 요건 등을 가져와 간략하게 적어주고, 무료로 제공하는 사항, 즉 USP를 명시해주었다. 마지막에는 자격증 취득 및 무료 자료 받기라는 문구를 강조하여 유저들이 광고주의 웹 사이트를 방문했을 때 상담 신청 페이지로 유입되도록 랜딩 페이지를 설계해보았다.

위와 같은 방식으로 광고 카피, 랜딩 페이지, 본인 또는 제휴 사이트의 랜딩 페이지 이 3가지 경로를 직접 설계하고, 각 경로마다 어떤 혜택과 내용으로 유저들을 만족시킬 것인지를 고민하고 A/B 테스트를 해보아야 한다.

예를 들어 클릭은 많이 되는데, 즉 웹 사이트로 유입은 많은데 구매 전환이 일어나지 않는다면 웹 사이트의 특정 부분이 유저를 만족시키지 못한다는 뜻이다. 이럴 경우 랜딩 페이지를 다시 작성해보자. 노출은 많은데 클릭이 일어나지 않는다면 경쟁 광고주의 광고 카피에서 강조하는 혜택과 광고주의 카피가 차별화되지 않아 유저가 그 광고에 매력을 못 느낀다는 것을 유추할 수 있다. 그러므로 광고 카피를 다시 작성해보는 등 지속적인 A/B 테스트를 통해 광고와 경로를 개선하는 것이 광고주의 과제라는 것을 항상 기억해야 한다.

키워드 입찰가 설정

키워드 입찰가를 설정할 때는 우선 본인이 하루 지출할 수 있는 예산을 정한다. 중요한 것은 이를 바탕으로 최대 CPC의 마지노선을 정하는 일이다. 최대 CPC의 마지노선을 500원이라고 가정했을 때를 살펴보자.

나는 등록한 키워드인 심리 상담사 기출 문제, 예상 문제를 검색한 사람은 전환 가능성이 높다고 판단하여서 마지노선인 500원까지를 설정했다. 심리 상담사 자격증을 통해 유입된 유저들은 시험 문제가 아니라, 시험 일정, 심리 상담사 자격증에 단순히 관심이 있어서 유입된 경우가 많다고 판단하여서 입찰가를 300원 이하로 설정했다.

이런 식으로 나는 전환될 가능성이 높은 키워드에 입찰가를 마지노선까지 설정하고, 그렇지 않은 키워드에는 낮은 입찰가를 설정하는 전략을 썼다. 이를 자신의 광고 예산을 바탕으로 구상해보기 바란다.

현재까지 설정한 캠페인을 모바일에만 노출되게 하려면 다음 화면처럼 캠페인 → 기기 탭을 클릭하여 컴퓨터, 태블릿의 입찰가를 감액 100%로 설정한다. 이후 캠페인 복사 붙여넣기를 통해 '심리 상담사_D'를 생성했을 때, 기기 탭에서 모바일, 태블릿의 입찰가를 감액 100%로 설정해주면 심리 상담사의 모바일, 데스크톱 캠페인을 분류하여 운영할 수 있다. 캠페인을 기기별로 분류하는 이유는 앞에서 다루었기에 설명은 생략한다.

키워드 입찰가 설정

마지막으로 뒤에 나오는 화면에서 볼 수 있듯이 인구 통계 탭에서 심리 상담사 자격증 자료를 받을 수 있는 연령에서 제외해야 할 연령대를 설정해 주면 머천트 선정부터 캠페인 등록까지 모든 과정을 마치게 된다.

여러분은 항상 어떤 광고 기능이 좋고, 예산은 어떻게 설정하는 것이 좋은지 등에 대한 정확한 답이 없다는 사실을 기억해야 한다. 우선 제휴 사이트에 있는 모든 머천트를 등록하는 것을 목표로 세우고, 그 과정에서 랜딩 페이지와 광고 카피 등 유저의 경로를 개선하는 작업을 하자.

이와 함께 디지털 도구에 대한 전반적인 공부와 디지털 노마드 카페의 오프라인 스터디, 독서 모임을 통해 정보를 교류하고 도구를 바라보는 다양한 관점을 흡수하자. 이렇게 본인만의 전략과 기준을 정립해나가는 것이 디지털 노마드 마케터의 바람직한 방향이다.

		연령	성별

```
2 ----------------------------------

1 ----------------------------------

0 ----------------------------------
              18~24
```

		연령 ↑
☐	●	18~24
☐	●	25~34
☐	●	35~44
☐	●	45~54
☐	⊖	55~64
☐	⊖	65세 이상
☐	⊖	알 수 없음

개요
추천

캠페인
광고그룹

광고 및 확장
방문 페이지

키워드
잠재고객

인구통계

주제
게재위치

설정
위치
광고 일정
기기
고급 입찰가 조정

캠페인 인구 통계 설정(1)

캠페인 인구 통계 설정(2)

자기 사업에
구글 애드워즈를
활용하는 방법

여기에서는 제휴 마케팅이 아닌 자기 사업을 성장시킬 때 애드워즈를 활용하는 방법에 대해서 다루고자 한다.

디지털 노마드를 꿈꾼다면 제휴 마케팅을 구글 애드워즈와 다른 디지털 도구를 통해 하나의 수익 파이프를 구축하고, 각 도구를 자기 사업에 어떻게 활용하면 효과적일지를 테스트하고 역량을 쌓는 연습장이라고 생각하고 접근하자. 애드워즈를 단순히 제휴 마케팅만이 아니라 자기 사업에 활용한다면 더욱 효과적일 것이다.

자신의 웹 사이트가 있는 경우, 운영자는 신규 고객을 유치·획득하고 상품의 브랜딩 및 판매까지 유도하고자 한다. 그 과정 중 애드워즈는 구글 검색, 디스플레이, 유튜브 등 다양한 광고 소재를 통해 신규 고객의 트래픽을 웹 사이트로 끌어오고 고객을 획득하는 데 효과적이다.

디지털 노마드 스쿨 웹 사이트를 예로 들어, 제휴 마케팅에서는 활용하지 않았던 기능들을 활용하여 유저를 사이트로 유입시키고, 만족도가 높은 애드워즈 광고를 만드는 방법에 대해서 간략하게 알아보자.

디지털 노마드 스쿨 웹 사이트

키워드 탐색

　제휴 마케팅에서는 머천트를 선정하는 단계를 거치지만, 자기가 운영하는 웹 사이트가 있는 경우에는 키워드 탐색을 먼저 해야 한다. 키워드를 탐색하는 과정에서는 다음 세 요소를 반드시 고려하자. 요소란 운영하는 사이트와 관련된 주제, 그리고 상품과 관련된 키워드와 웹 사이트를 방문할 가능성이 높은 유저(운영자 입장에서 웹 사이트를 방문했으면 하는 유저)를 말한다.

　예를 들어, 운영하는 사이트가 가죽 가방을 판매하는 쇼핑몰이라고 하자. 쇼핑몰에서 판매되고 있는 상품과 상품 카테고리와 관련된 키워드를 탐색해본다. 그리고 가죽 가방 마니아들의 커뮤니티를 방문하여 그들이 어떤 언어를 사용하는지 관찰하여, 자주 사용하는 단어나 문구에서 키워드에 대한 아이디어를 얻는다.

디지털 노마드 스쿨 웹 사이트의 예를 통해 다시 한 번 살펴보자. 디지털 노마드 스쿨 웹 사이트의 주제는 교육 서비스라는 큰 카테고리에 속해 있다. 그리고 애드워즈, 페이스북, 애드센스, 유튜브 등의 디지털 마케팅 교육과 에어비앤비, 유통 등 제2의 수익 파이프를 구축하는 데 도움이 되는 교육 등이 하위 카테고리에 포함되어 있다. 해당 카테고리를 통해 웹 사이트 운영자는 아래 그림처럼 고객들을 디지털 마케팅을 통해 수익을 창출하고 싶은 사람, 디지털 노마드라는 삶에 관심이 있는 사람 등으로 반드시 세분화해야 한다.

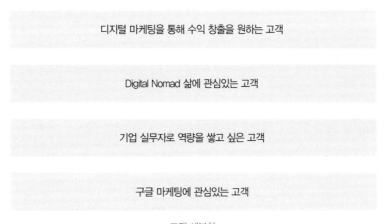

고객 세분화

이처럼 웹 사이트의 고객을 세분화하는 과정은 웹 사이트, 판매하고 있는 상품 관련 키워드를 탐색하는 데 많은 도움이 된다. 이제 고객을 세분화했다면 그들이 검색할 가능성이 있는 키워드를 찾아내야 한다. 수익 창출을 원하는 웹 사이트 운영자의 입장에서 키워드를 탐색하는 과정을 살펴보자.

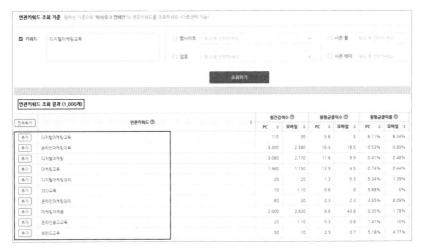

디지털 마케팅 교육 관련 키워드 탐색 (1)

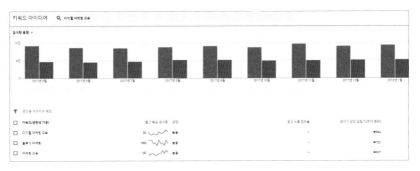

디지털 마케팅 교육 관련 키워드 탐색 (2)

위의 두 화면에서 볼 수 있듯이 구글과 네이버 광고 시스템에서 제공하는
키워드 도구를 활용하여 '디지털 마케팅 교육'이라는 키워드로 검색했을 때
나오는 1,000개의 연관 키워드 중 디지털 마케팅 교육, 온라인 마케팅 교육

등 자기 웹 사이트와 관련 있는 키워드를 1차로 수집한다.

2차로 그중에서 디지털 마케팅 강의, 페이스북 교육 등 더욱 직접적으로 관련 있는 키워드를 분류하는 과정을 거친다. 이때 도구에서 제공하는 키워드를 모두 등록하지 말고, 자기가 판매하는 상품을 구매하는 고객이 검색할 만한, 또 사이트 운영자의 입장에서 고객이 관심을 가졌으면 하는 키워드를 분류해야 한다.

키워드를 수집하는 과정, 수집한 키워드를 자기 방식대로 정리하는 과정은 제휴 마케팅을 활용할 때보다 시간이 많이 소요된다. 하지만 이 과정은 자기 제품과 서비스의 판매 전환에 도움이 되므로 반드시 거치도록 하자.

디지털 노마드 웹 사이트 키워드 정리

위의 그림과 같이 자기 방식대로 키워드를 정리한다. 디지털 노마드 스쿨 웹 사이트에서 서비스되고 있는 상품과 관련된 키워드를 앞서 설명한 것처럼 정리해보자. 구글 애드워즈 광고를 운영하면서, 축적하고 있는 데이터에 추가된 키워드를 따로 분류하고, 일상생활에서 사람들과 대표 검색 서비스인 네이버와 다음의 실시간 검색 순위와 자기 상품과 관련된 카테고리와 관련된 글들을 관찰하며 얻은 데이터, 그리고 웹 사이트 운영자의 머릿속에서 떠올린 키워드 아이디어를 따로 정리해둔다.

관찰 및 생각 데이터의 경우, 에버노트나 기록을 적을 수 있는 메모장에 '○○월 ○○일, ○○커뮤니티 특정 게시판의 글을 보는 도중 아이디어를 얻음.' 이런 식으로 어떻게 키워드에 대한 아이디어를 떠올렸는지 그 근거도 함께 기록해두는 것이 좋다.

관찰 데이터를 기록할 때뿐만 아니라, 왜 이 키워드를 등록하였는지, 어떤 관점과 전략에 입각해서 초기에 캠페인을 생성하였는지 등의 근거를 기록하다 보면, 캠페인과 키워드 등을 점검하는 과정에서 자신의 행동을 복기하여 광고 성과를 개선하는 데 도움이 될 수 있다.

위와 같은 정리법은 다른 디지털 도구를 통한 광고에도 적용할 수 있으므로 처음 구글 애드워즈를 활용할 때 습관을 들이자. 마지막으로 대형 플랫폼에서 제공하는 도구에서 얻을 수 있는 데이터보다 관찰과 머릿속으로 떠올린 데이터가 더 값지다는 사실을 기억해야 한다.

구글 애드워즈 광고 확장 기능의 활용

이번에는 자기 웹 사이트를 구글 애드워즈 캠페인에 등록하고 운영하는 법을 알아보자. 검색 네트워크를 활용할 때 기본 세팅은 다음 화면처럼 제휴 마케팅에 애드워즈를 접목할 때와 다르지 않다.

유형: 검색 네트워크 캠페인   목표: 웹사이트 트래픽

캠페인 이름	디지털노마드 스쿨_M

네트워크

검색 네트워크

사용자가 키워드와 관련된 용어를 검색할 경우 Google 검색
광고가 게재됩니다.

☐ Google 검색 파트너 포함 ⑦

디스플레이 네트워크

관련성이 높은 고객이 인터넷에서 사이트, 동영상, 앱을 함
하세요.

☐ Google 디스플레이 네트워크 포함 ⑦

위치

타겟팅할 위치 선택 ⑦
◯ 모든 국가 및 지역
◉ 대한민국
◯ 다른 위치 입력

🔍 타겟팅할 위치 또는 제외할 위치 입력   고급검색

언어

고객이 사용하는 언어 선택 ⑦

한국어 ✕

🔍 입력 시작 또는 언어 선택

예산

일일 평균 희망 지출액
₩ 10000

디지털 노마드 캠페인 기본 세팅

하지만 제휴 마케팅과 달리 자기 웹 사이트를 가지고 있는 경우에는 웹 사이트의 상세 페이지와 특정 키워드로 유입된 고객이 관심 가질 문구를 클릭하여 해당 사이트로 유입되도록 애드워즈의 광고 확장 기능을 활용하여야 한다.

제휴 마케팅을 다룰 때는 콜아웃 광고 확장에 대해서만 설명하였지만, 자기 웹 사이트 광고를 홍보할 경우에는 애드워즈에서 광고주에게 제공하는 기능을 알맞게 선정하여 모두 활용하여야 한다.

사이트 링크 광고 확장

사이트 운영자는 위 화면의 사이트 링크 광고 확장 기능을 사용하여 유저들에게 웹 사이트에서 제공받을 수 있는 정보를 효과적으로 전달할 수 있고, 이를 통해 유저를 웹 사이트의 특정 페이지로 유입시킬 수 있다.

예를 들어 의류 쇼핑몰을 운영하는 경우, '아우터, 셔츠, 액세서리' 등 웹

203

사이트 내 특정 사이트로 고객을 유입시킬 수 있다.

아래 화면처럼 웹 사이트 내 상세 페이지에 대한 설명을 선택 사항이라고 표시된 것도 포함하여 하나도 빠짐없이 작성해준다. 사이트 링크 광고 확장 기능은 빨간 박스로 표시한 것처럼 모바일에서만 노출시킬 수도 있으며, 자체 오프라인 행사 등이 있을 경우 설정한 기간에만 사이트 링크를 검색 유저들에게 노출시켜 행사 정보를 알리고, 관심 있는 고객들의 참여를 이끌어 낼 수도 있다.

사이트 링크 광고 확장 설정

다음으로 운영하는 웹 사이트에서 설날, 블랙 프라이데이 기간 등에 특별 프로모션을 할 경우, 애드워즈 광고에 적용할 수 있는 프로모션 확장 기능에 대해 알아보자. 프로모션 광고 확장 기능을 적용하면 유저들을 사이트 내 이벤트 페이지로 유입시켜 이벤트 정보 제공 및 참여를 유도할 수 있는 장점이 있다.

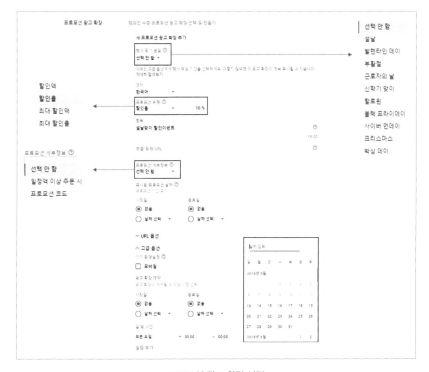

프로모션 광고 확장 설정

프로모션 광고 표시 형태

위 화면에서 보는 것처럼 프로모션 광고 확장 기능을 통해 운영자는 유저들에게 설날이나 크리스마스 등의 기념일, 또는 자체 이벤트 세일 기간에 애드워즈 광고를 홍보할 수 있다. 그리고 해당 광고 확장 기능은 특정 제품 및 서비스에 적용되는 할인율과 일정액 이상 주문 시, 특정 프로모션 코드를 보유한 유저에게만 프로모션이 적용되도록 설정할 수 있다. 그리고 프로모션 광고를 미리 설정하여 시기별로 적용되는 세일 및 행사 기간에 새로운 광고를 만들 필요 없이 빠르게 기능을 적용할 수 있는 장점이 있다.

지금까지 자신의 웹 사이트로 유저를 유입시킬 수 있는 애드워즈의 기능에 대해서 다루어 보았다. 무엇보다 애드워즈 광고를 운영할 때 고객과 고객의 행동 등을 부지런히 관찰 및 연구하고, 자기만의 관점이 담긴 매뉴얼(상황별 행동 지침)과 전략을 세워야 한다.

기업이 광고 집행할 때의 전 과정을 자신이 모두 해야 하므로, 전략이 없거나 마케팅 도구에 대해 확실히 알지 못한다면 자칫 광고비만 지출될 수 있다. 그러므로 이 책에서 설명한 내용들을 처음에는 그대로 해보면서 애드워즈 광고에 대해서 익히고, 자신의 관점을 벤치마킹한 다음, 나중에는 자신에게 최적화된 전략과 관점을 마련하여 디지털 마케팅 분야를 즐기길 바란다.

'의식적으로' 노력해야 전문가가 된다

구글 애드워즈 마케팅을 더 잘 이해하려면 이 책을 읽고 나서 구글 애드워즈 자격증 시험에 한 번 응시해 보길 바란다. 시험을 준비하는 과정에서 미처 파악하지 못했던 세부적인 내용까지 알 수 있기 때문이다. 그리고 일일 10,000원 이상 소비하는 비즈니스에 무료로 제공되는 애드워즈 전화 지원 서비스도 활용해보기 바란다. 전화번호는 1577-5995이며, 운영 시간은 월-금 오전 9시 30분부터 18시 30분까지이다. 애드워즈 광고를 배울 때 초기에 겪게 되는 다양한 문의사항에 대해 도움을 받을 수 있다.

구글 애드워즈 광고 마케팅으로 성공한 예로는 김○○씨를 꼽을 수 있다. 그는 구글 애드워즈가 뭔지 전혀 몰랐는데 팍팍한 직장생활을 하며 제2의 월급을 얻기 위해 애드워즈를 배웠고, 이를 제휴 마케팅 광고와 접목하여 현재 월 500만 원 정도의 수익을 올리고 있다. 그 밖에도 구글 애드워즈 광고로 성공한 사람이 꽤 있다. 자신의 제품이나 서비스가 있다면 구글 애드워즈 광고를 적용해 볼 것을 독자들에게 권한다.

『디지털 노마드』 책을 낸 후 많은 사랑을 받았는데, 이번에 이동수님과 함께 디지털 노마드로서 살아가는 데 도움이 되는 두 번째 책을 내게 되었다. 이 책은 구글 애드워즈를 활용하여 마케팅을 하는 방법을 상세히 알려준다. 이 내용은 디지털노마드스쿨(http://digitalnomadschool.kr) 홈페이지에서 온라인 강의 형태로도 제공하고 있다.

나는 마케팅 분야에 있으면서 끊임없이 공부하고 있다. 아마 독자 여러분도 계속 공부하면서 성장하는 분들일 것이라 생각한다. 그런 분들을 위해서 나의 경험을 공유하고 싶다.

먼저 꿈을 종이에 적어보라. 종이에 적는 순간 '목표'가 된다. 이것을 자르면 '계획'이 되며, 이것을 실현하면 '현실'이 된다. 작은 꿈부터 종이에 먼저 적어보라. 작은 성공이 쌓이기 시작하면 어느새 큰 성공도 이루게 된다.

만약 노력을 해도 성과가 나오지 않는다면 무엇이 문제일까? 책 『1만 시간의 재발견』과 『재능은 어떻게 단련되는가?』에서는 4가지 이유를 꼽는다.

첫째, 지금까지 헛된 노력만 했다. 둘째, 할 만하다 싶으면 대충 연습했다. 셋째, 연습을 재미나게 했다. 넷째, 피드백 없이 혼자 만족하며 연습했다.

결론은 누구나 노력을 다하지만 '의식적인 연습'을 해야 한다는 것이다. 그렇다면 '의식적인 연습'이란 무엇일까? 혼자 아무렇게나 하는 노력이 아닌 정말 제대로 집중하면서 '한계를 넘는 목적을 달성'하는 것이다. 그렇게 하기 위해서는 3F가 필요하다. Focus(집중력)-Feedback(피드백)-Fit(수정)이다. 그렇다면 구체적으로 어떻게 해야 할까?

첫째, 현재 능력을 살짝 넘어서는 한계를 추구한다.

일반적으로 어느 정도 수준이 되면 한계를 추구하지 않기 때문에 실력이 다 고만고만하다. 하지만 탁월한 실력을 쌓기 위해서는 '한계'를 추구해야 한다. 취약점을 찾고, 취약점을 보완하기 위해 수백 번, 수천 번을 반복한다.

둘째, 연습은 명확한 목표를 달성하기 위해 한다.

일반적인 연습으로는 현상 유지 수준이지, 절대 프로가 될 수 없다. 이것이 문제인 이유는 바로 '연습 포인트'가 없기 때문이다. 실력을 제대로 향상하기 위해서는 '제대로 된 목표'가 필요하다. 예를 들어 '오늘은 어떤 한 포인트만 죽어라 연습해서 고치겠다.'라는 자세가 필요하다.

셋째, 의식적인 연습은 엄청나게 힘들다.

김연아 선수가 연습하는 영상을 유튜브에서 검색해서 보라. 눈물을 뚝뚝 흘리면서도 연습량을 끝까지 채운다. 이렇듯 탁월해지려면 의식적인 연습이 필수이다. 의식적인 연습은 한계에 도전하며, 구체적으로 한 부분만 반복적으로 연습하기 때문에 더 재미가 없고 힘들다. 그러나 김연아 선수는 다음과 같은 명언을 남겼다.

"99도까지 열심히 온도를 올려놓아도 마지막 1도를 넘기지 못하면 영원히 물은 끓지 않는다고 한다. 물을 끓이는 건 마지막 1도. 포기하고 싶은 바로 그 1분을 참아내는 것이다. 그 순간을 넘어야 다음 문이 열릴 것이다."

한 분야에서 세계 최고인 사람도 하루 4시간 이상 연습하기 쉽지 않다고 할 정도로 제대로 하는 연습은 힘들고 고통스럽다. 최근에 정말 제대로 집중한 시간이 하루에 어느 정도인지 체크해보라. 보통 하루 종일 일한다는 사람들도 실제로 액션 캠으로 본인이 일하는 것을 찍어 놓고 객관적으로 관찰해보면 정말 집중해서 '일'만 하는 시간은 몇 시간이 채 되질 않는다.

넷째, 피드백은 필수적이다.

처음에는 그 분야의 전문가나 코치에게 배우는 것이 좋다. 왜냐하면 자신만의 취약점을 파악해 주고, 어떤 부분에서 훈련에 집중해야 하는지 알려주기 때문이다. 디지털노마드 카페(http://cafe.naver.com/bujacafe1/)에서는 디지털노마드스쿨 같은 정규 과정을 운영하면서 도움을 드리고 있다.

강사나 코치는 지금 내 성장에 걸림돌이 되는 부분이 어떤 것인지를 짚어 준다. 이러한 '피드백'을 통해 개선하는 것이 핵심이다. 만약 아무도 도움을 주지 않는 경우라면 자신만의 '핵심 지표'를 만들어 두고 '측정'하는 것을 추천한다. 스스로 피드백을 하는 것이다. 개인적으로『피터 드러커의 자기 경영 노트』를 추천한다.

한 가지 확실하고 공정한 것이 있다면 '의식적인 노력'은 부와 기회의 균등 여부와 상관없이 모두에게 똑같이 많이 힘들다는 것이다. 대부분의 사람은 적당히 잘하게 되면 그만두고 현상 유지를 즐기고 싶어 한다. 세계적으로 한 분야에서 탁월한 사람들을 관찰해 보면 부모의 재산과 별로 관련이 없다는 것을 알 수 있다. 그러니 이제부터 사회 탓, 남 탓은 그만하고 자신의 '한계'에 부딪쳐보는 의식적인 연습과 노력을 더 해보자.

자신의 한계를 아는 데 가장 좋은 방법은 바로 '실패'하는 것이다. 한계란 '도달할 수 없는 경계'이기 때문에 바로 '실패한 지점'에 있다. 그러므로 결국 실패는 해도 좋은 것이 아니라 '해야만' 하는 것이다. 작은 실패를 여러 번 반복해서 겪어보고, 이러한 경험으로부터 어떤 것을 '개선'해야 하는지를 배워가야 한다. 깨져보기도 하고 주변 사람들에게 비평도 들으면서 성장해 나간다면 바로 여러분도 전문가로 가는 열차에 탑승하게 될 것이다.

마지막으로 실패할 수 있는 용기와 반드시 해내겠다는 '목표의식'을 가지길 응원한다. 이 책을 읽어주신 독자 여러분께 진심으로 감사인사를 전한다.

박영훈(파크)